VOYAGE
EN TURQUIE

ARTHAUD

Gerry Crawshaw

Auteurs du guide : G. Crawshaw et P. Sterry.

Conseiller pour l'édition : F. Dawes.
Traduit de l'anglais par Olivier Meyer.

Réalisation par les Publications de l'Association Automobile de Grande-Bretagne.
Cartes © Association Automobile, 1990.

Les informations contenues dans cet ouvrage ont été mises à jour au moment de l'impression. Cependant les prix changent, les bonnes adresses perdent parfois de l'intérêt, certains établissements ferment. Les éditeurs ne sauraient en être tenus responsables.

Photogravure : Mullis Morgan, Londres.
Impression : Imprimerie S.R.L., Trente, Italie.
ISBN 2-7003-0831-X

Crédits photographiques

J. ALLAN CASH PHOTOLIBRARY
Pages 11, 13, 22, 25, 45, 49, 65, 83, 87, 88, 94 -95, 116 - 117, 120, 122, 124.

MARY EVANS PICTURE LIBRARY
Page 12.

NATURE PHOTOGRAPHERS LTD
Pages 97, 98, 99, 100, 102, 103, 104, 105, 107, 108.

INTERNATIONAL PHOTOBANK
Pages 4, 20, 59, 80, 109.

SPECTRUM COLOUR LIBRARY
Pages 7, 17, 18 -19, 26 -27, 29, 30, 32 - 33, 35, 36, 39, 41, 50 -51, 52, 54, 57, 61, 63, 66, 68, 69, 79, 89, 92, 93, 113, 114, 119.

ZEFA PICTURE LIBRARY LTD
Pages 42 -43, 71, 75, 76-77, 85, 111.

Au cours du présent ouvrage, on a recouru aux signes suivants pour aider le lecteur à choisir son itinéraire :

◆◆◆ A ne pas manquer

◆◆ A voir si possible

◆ Si vous avez le temps

INTRODUCTION

Pendant plusieurs centaines d'années la Turquie a été l'une des principales plaques tournantes du monde ; les caravanes venues de l'Orient convergeaient notamment vers l'actuelle Istanbul, chargées d'épices et de soieries destinées aux marchés occidentaux. Et pourtant, jusqu'à une époque très proche, ce vaste pays à cheval sur l'Europe et l'Asie n'était guère visité. Ses 8 000 km de côtes enchanteresses, aux ports si pittoresques, aux eaux si limpides et aux paysages si grandioses, étaient boudés par les estivants.

La muraille intérieure de la vieille forteresse médiévale d'Alanya monte toujours la garde sur l'une des plus pittoresques villes de pêcheurs de la côte turque méditerranéenne

La Turquie était plutôt le domaine de visiteurs d'un esprit bien particulier. C'étaient pour la plupart des voyageurs attirés par les mille témoignages des civilisations anciennes : luxueux palais des sultans, mosquées ottomanes, impressionnants sites archéologiques, habitations tro-

glodytiques et thermes antiques. Des gens heureux de renoncer à un certain confort, et pour qui se prélasser sur des plages ensoleillées ne présentait qu'un intérêt limité. Mais soudain, pratiquement du jour au lendemain, la Turquie s'est imposée comme lieu privilégié de vacances. Lassés des solariums méditerranéens habituels, et harcelés par les reportages de la presse et de la télévision vantant les prix incroyablement bas de la Turquie, les vacanciers ont commencé à se multiplier.

Les autorités turques accueillent cet engouement avec des sentiments mitigés. D'un côté, elles se réjouissent de l'intérêt soudain et massif des vacanciers pour leur pays, et de l'apport en devises étrangères qu'il implique, mais de l'autre, elles craignent que leur pays ne se transforme en copie conforme d'autres destinations du tourisme de masse, et que prolifèrent ces horribles blocs hôteliers en béton qui défigurent tant de côtes méditerranéennes.

Cela dit, le tourisme progresse à grande vitesse, surtout le long des côtes turques de la Méditerranée et de la mer Egée, où hôtels, villages de vacances, résidences, restaurants, bars, discothèques, et même stations balnéaires créées de toutes pièces, poussent à grande vitesse. Aéroports, routes et autres infrastructures sont progressivement créés ou améliorés, ce qui permet à la Turquie de faire de mieux en mieux face à l'afflux des vacanciers toujours en quête d'une nouvelle destination, dont l'ensoleillement serait la principale qualité.

Sites historiques
Par sa position entre l'Europe et l'Asie, la Turquie a toujours été un champ de bataille privilégié. Elle a été la terre d'élection de grandes civilisations : Hittites de l'âge du bronze, Grecs et Romains de l'époque classique, Turcs de l'empire ottoman. Les mythes et les légendes se sont intimement mêlés à la réalité historique, témoins ces nombreux récits qui mettent en scène Hélène de Troie, Jason et les Argonautes, le roi Midas, Alexandre le Grand, Antoine et Cléopâtre, et des sultans ottomans comme Mehmet le Conquérant. On trouve dans tous les coins du pays d'impressionnants témoignages de la remarquable histoire de la Turquie.

Aperçu historique

Les premières traces de civilisation remontent, en Turquie, au VIe millénaire av. J.-C. C'est là qu'on voit apparaître les premières traces d'urbanisation de l'humanité. Les Hittites, originaires de ce qui allait devenir l'URSS, colonisèrent la côte de l'Asie Mineure (appellation de la Turquie jusqu'à une époque récente) vers le XIIIe siècle av. J.-C., et devinrent les maîtres incontestés du Proche-Orient. L'effondrement de leur empire fit de l'Asie Mineure une mosaïque de tribus et de peuples aux noms évocateurs : Phrygiens, Scythes, Lydiens, Assyriens, Perses et Grecs. Les Perses finirent par s'imposer, mais les Grecs conservèrent leurs bastions européens et, aux batailles quasi légendaires de Marathon et Salamine, battirent les Perses. Alexandre le Grand conquit les cités stratégiques de Milet et d'Ephèse puis enleva toutes les cités de l'Empire perse. Les Romains, dont les troupes débarquèrent en 201 av. J.-C., firent ensuite de l'Asie Mineure, pendant près de 600 ans, le pivot de leur empire, et en 330 ap. J.-C., Constantin transféra sa capitale de Rome à

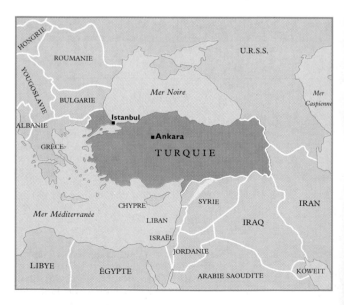

Les ruines de la cité antique de Pergame, prospère au IIe siècle av. J.-C., attirent de nombreux visiteurs ; le théâtre pouvait contenir environ 15 000 personnes

Byzance, rebaptisée Constantinople. Le prospère Empire byzantin connut son apogée sous Justinien, au VIe siècle.

Vers 800 ap. J.-C. environ, les tribus qui allaient devenir les Turcs d'aujourd'hui (principalement les Seldjoukides), venues de Mongolie, d'Afghanistan et du Turkestan, déferlèrent en vagues successives. En 1071, ils remportèrent une grande victoire contre l'armée byzantine en Turquie orientale, et parvinrent enfin sous les remparts de Constantinople. Mais avant d'avoir pu prendre la capitale, ils furent eux-mêmes battus par les Mongols, qui divisèrent la région en petites provinces, dont l'une, celle de Bursa, était gouvernée par la dynastie ottomane. Les Ottomans s'affirmèrent progressivement, et dominèrent l'Asie Mineure jusqu'au début du XIVe siècle. Constantinople demeura un bastion chrétien jusqu'au siège de 1403, dans cette région qui était devenue entre-temps majoritairement musulmane. Sa chute marqua la fin de l'Empire byzantin ; rebaptisée Istanbul, elle devint capitale de l'Empire ottoman.

Dès le XVIe siècle, et en particulier sous le règne de Soliman le Magnifique, l'Empire ottoman était devenu l'une des plus grandes puissances mondiales. Mais ses ambitions conquérantes devaient fatalement le conduire à affronter les principaux Etats européens. En même temps, des dissensions internes l'affaiblissaient et, dès le XIXe siècle, il commençait à décliner, harcelé de toutes parts. Il résista jusqu'en 1923, date à laquelle Mustapha Kemal (dit Atatürk, le "père des Turcs") prit le pouvoir. La Turquie lui doit son entrée dans le XXe siècle. En 1952, elle rejoint l'OTAN, mais dès la fin des années 1950 le pays entre dans une phase politique troublée qui dure encore. Aujourd'hui dirigée par le général Evran, la Turquie s'achemine de nouveau vers la démocratie, et vers un avenir économique lié à celui de la CEE.

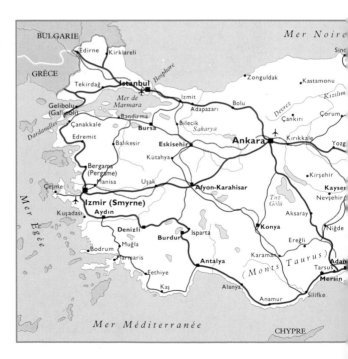

Attraits touristiques

Etant donné sa diversité, la Turquie offre de nombreuses possibilités aux touristes qui ne se contenteraient pas d'un peu de *farniente* sur les plages, agrémenté d'une ou deux visites de ruines.

Parmi ces attraits, les sports nautiques : planche à voile, ski nautique, plongée, dériveur. Au nombre des stations les mieux équipées pour ces activités, citons Marmaris, Bodrum, Bitez, Kusadasi, Kemer et Foça. Les croisières en voilier en mer Egée et Méditerranée sont de plus en plus prisées, surtout à bord des voiliers turcs traditionnels, les *gulets*, ou ketchs. Ces navires en bois, construits artisanalement sur les deux côtes, sont faits pour le cabotage. Les itinéraires connus sous le nom de Croisières Bleues sont très populaires.

La marche et le trekking sont également une richesse de la Turquie, surtout vers Kemer et

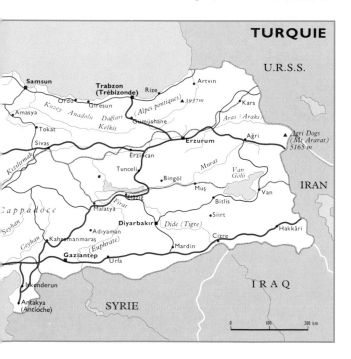

Alanya, et les amateurs d'ornithologie sont de plus en plus nombreux à répondre à l'appel des organisateurs de voyages.

Un nombre toujours croissant de visiteurs découvre les thermes de Turquie, fréquentés depuis toujours pour leurs vertus thérapeutiques. Parmi les stations principales, citons Bursa, Çesme, Pamukkale et Yalova.

A savoir

La Turquie s'étant récemment ouverte au tourisme de masse, il est fréquent que les normes de confort ne répondent pas parfaitement aux attentes du visiteur.

On trouvera fréquemment des salles de bains à la turque, c'est-à-dire qu'un simple trou au milieu de la pièce assure l'écoulement de la douche — mais seulement après inondation de la dite salle de bains. L'eau chaude n'est pas toujours garantie, et les pénuries d'eau sont fréquentes en été. La plupart des hôtels turcs sont néanmoins propres et relativement bien équipés. Les visiteurs qui opteront pour les hôtels de catégorie inférieure doivent parfois s'attendre à des pièces exiguës.

En dehors des stations principales, certaines des routes qui mènent aux nouveaux aménagements touristiques sont dépourvues de revêtement et d'éclairage.

Un fréquent désagrément : cette agaçante habitude de faire hurler la musique à chaque terrasse de café, de restaurant, ou *lokanta*, sans considération aucune pour l'harmonie du site. Il est vrai que tout lieu de vacances a ses inconvénients, et que les désagréments de la Turquie paraîtront bien faibles à côté des avantages qu'elle procure : temps superbe, belles plages, nourriture exotique, excursions mémorables, chaleur d'un peuple pour lequel l'hospitalité est un art de vivre, et... l'étonnante valeur de votre argent.

Dans ce guide, nous signalons, lorsque nécessaire, les hôtels et restaurants qui ont fait leurs preuves et offrent de bons services. La liste en est plus sélective qu'exhaustive, en raison du développement exponentiel de l'industrie touristique de la Turquie, qui voit pratiquement chaque jour apparaître de nouveaux équipements, surtout dans les stations balnéaires en vogue.

Loin des villes modernes cosmopolites, la vie traditionnelle continue en Turquie

De même, les informations destinées aux automobilistes ne sont pas aussi détaillées que pour les autres grands pays touristiques, tout simplement parce que se rendre en Turquie en voiture reste encore une aventure. La location de voitures se développe néanmoins, aussi trouvera-t-on des informations et quelques précieux conseils pour ceux qui projettent de louer une voiture sur place.

La Turquie est un pays sûr. La loi martiale a été instaurée à la fin des années 70 pour réprimer l'agitation politique. Les militaires sont donc très présents sur le territoire et dans la vie quotidienne (rares sont les hommes qui sont exemptés du service). Par ailleurs, la frontière avec l'URSS est surveillée par les forces de l'OTAN. De façon générale, l'armée et la police font partie d'une machine administrative non exempte de ces traditionnels inconvénients que sont la lenteur, la lourdeur ou la démotivation. Mais toute sollicitation d'un touriste sera toujours accueillie comme un honneur.

La plupart des vacanciers découvrant la Turquie choisissent les côtes méditerranéenne et égéenne, où confort et aménagements de bon niveau leur garantissent de bonnes vacances. C'est pourquoi nous avons particulièrement insisté sur les stations de ces régions, au détriment de celles de la mer Noire qui, malgré tout ce qu'elles peuvent offrir au visiteur, sont com-

parativement peu adaptées au tourisme international, surtout au niveau des équipements. La
côte turque est quasiment la seule du bassin
méditerranéen à rester préservée, et l'on peut
toujours s'y baigner au fond de criques isolées,
déguster une cuisine de qualité, jouir de magnifiques paysages, marchander dans les échoppes colorées des bazars, ou simplement goûter
l'atmosphère particulière d'un pays à deux
facettes : occidentale et orientale.

*L'énorme marché
couvert d'Istanbul,
le Grand Bazar,
vaste labyrinthe de
4 000 à 6 000
échoppes, fut créé
au XVᵉ siècle*

LA CÔTE ÉGÉENE

La charmante partie égéenne de la Turquie contentera les amoureux de la nature, du soleil, et les amateurs de paysages et de photos. La côte abonde en plages sablonneuses, en criques abritées, en baies rocheuses léchées par des eaux bleues et limpides. Elle recèle les stations balnéaires les plus pittoresques, les plus anciennes et les plus populaires — Bodrum, Marmaris et Kusadasi...—, et de toutes nouvelles stations en pleine expansion comme Altinkum, aux belles plages de sable doré. Cette côte est également riche en charmants villages de pêcheurs, et en vestiges de cités anciennes, telle la grande cité de Pergame dont la bibliothèque fut l'une des plus grandes de l'Antiquité, avec ses 200 000 volumes. Non loin de l'acropole de Pergame, se trouvent les ruines de l'un des plus grands centres médicaux du monde antique.
Plus au sud, se trouve la capitale de l'Egée turque, Izmir, ville natale d'Homère. Cette ville moderne aux avenues bordées de palmiers, aux excellents hôtels, s'enorgueillit de posséder l'un des plus beaux ports naturels de la Turquie. Au nord d'Izmir se trouvent la ville balnéaire de Ayvalik, aux belles plages et aux forêts de pins, et la petite station de Foça, dont les habitants ont fondé et colonisé Marseille et Nice. A l'ouest d'Izmir, se trouve une station plus importante, dotée de sources thermales et d'un port de plaisance : Çesme. Au sud, se trouve Kusadasi, l'une des pre-

Les architectes du temple d'Apollon à Didymes, au IVᵉ siècle av. J.-C., rêvaient d'en faire la huitième Merveille du monde

mières stations de la région, très bien située pour les excursions vers les sites archéologiques environnants.
Le milieu de la côte occidentale de la Turquie est l'ancienne Ionie, où se trouvent les ruines d'Ephèse, de Milet et de Didymes, témoins de la grâce intemporelle de l'architecture ionienne. Ephèse, qui fut capitale de l'Empire romain d'Asie, et où saint Paul se demanda « Existe-t-il une cité plus vaste ? » est la plus importante des trois. Marc-Antoine et Cléopâtre chevauchèrent sur l'éphésien Chemin d'Arcadie ; dans le grand amphithéâtre de la cité, saint Paul prêcha contre la déesse Artémis, et l'on dit que la Vierge Marie finit ses jours

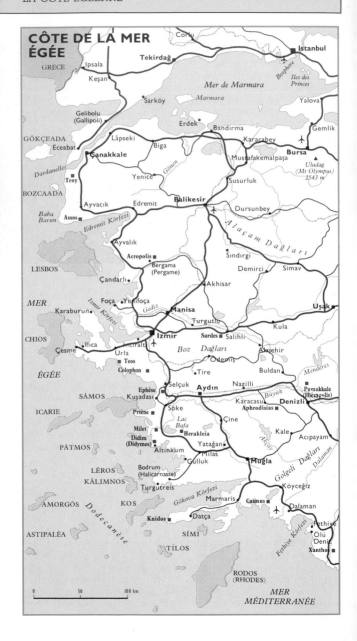

dans une petite maison à l'extérieur de la ville. Ephèse abritait également l'une des Sept Merveilles du monde, le temple d'Artémis.

Outre ces splendides réalisations humaines, la Turquie égéenne offre un riche assortiment de merveilles naturelles, notamment la cascade calcifiée de Pamukkale, ou "château de coton", où une source d'eau thermale riche en carbonate de calcium tombant du plateau a formé une cascade pétrifiée d'un blanc étincelant, étageant plusieurs cuvettes successives bordées de stalactites. Derrière la cascade se trouvent les ruines de l'ancienne cité romaine de Hiérapolis.

Au sud-ouest de la côte égéenne, se situent les stations fréquentées de Bodrum, Marmaris, Datça, Fethiye et Dalyan. Les températures estivales élevées qui caractérisent la côte égéenne de la Turquie sont heureusement tempérées par de douces brises marines, et le paysage accidenté est étonnamment verdoyant, grâce aux vergers de figuiers et aux bosquets d'oliviers.

◆◆
ALTINKUM

Il y a à peine cinq ans, Altinkum n'était qu'un petit hameau au fond d'une baie de sable blanc. Aujourd'hui, elle est en train de devenir l'une des stations les plus fréquentées de Turquie, et dispose d'un grand choix de logements très récents et d'une quantité de *lokantas*, de cafés, de bars et d'activités nocturnes, pour distraire les amoureux du soleil lassés du principal attrait de la station : sa plage magnifique.

Après le cap rocheux qui ferme l'une des extrémités de la baie, se succèdent une série de criques rocheuses, au-dessus desquelles se déploie un paysage verdoyant intact.

Il existe une autre crique à l'autre extrémité, abritée, tapissée de sable fin blanc, et 700 mètres plus loin une autre série de petites baies sableuses, tranquilles et non polluées.

Les amateurs de sports nautiques seront particulièrement comblés à Altinkum, où l'on peut apprendre la planche à voile ou d'autres disciplines pour un prix modique. Les conditions sont idéales pour les débutants comme pour les sportifs chevronnés, car l'eau est chaude et peu profonde.

Lokantas, marchands de glace, bars et boutiques bordent toute la longueur de la baie principale ; les prix y sont très intéressants. La concurrence entre les nombreux petits restaurants apparus pour faire face aux besoins des estivants étant très féroce, il est difficile de se ruiner pour un repas, et quel repas !

Hôtels et restaurants

Dans la catégorie la plus simple, le **Three Mevsim**, à dix minutes à pied de la plage, possède une petite terrasse colorée où l'on sert le petit déjeuner, et où trône souvent le barbecue. Les nombreux nouveaux hôtels en construction garantiront un confort et des services de premier ordre.

LA CÔTE ÉGÉENNE

• Excursion à partir d'Altinkum

◆◆◆
DIDYMES

Le village qui porte aujourd'hui le nom de Didim, en turc, à quelques kilomètres seulement d'Altinkum, était autrefois la demeure d'un dieu. C'est là que les anciens Grecs édifièrent un temple dédié à Apollon, frère jumeau d'Artémis. Le premier temple fut détruit par les Perses en 494 av. J.-C. et resta en ruine jusqu'à ce que Seleucus Ier de Syrie commence sa restauration 200 ans plus tard. L'entreprise, qui dura plus de 600 ans, reste inachevée.

Didymes n'a jamais été une vraie cité, mais le siège d'un oracle célèbre que tous consultaient, du mendiant à l'empereur. L'oracle, que seuls les prêtres pouvaient voir, jeûnait pendant trois jours et respirait les vapeurs émanant de la source sacrée. Ce rituel était censé l'amener à un état de transes divinatoires, pendant lesquelles il communiquait aux prêtres d'obscurs messages qu'ils interprétaient pour leurs clients.

Il y eut des oracles à Didymes jusqu'à ce que les Byzantins déclarent le christianisme religion d'Etat.

Parmi les nombreux vestiges de Didymes, le plus impressionnant est le temple d'Apollon, dont l'entrée est gardée par un lion.

Un escalier monumental monte vers une forêt de 103 colonnes ioniennes remarquablement conservées.

Fin de l'excursion

◆◆◆
AYVALIK

Le cadre d'Ayvalik est charmant, avec ses 23 îles nichées dans une baie au rivage bordé de forêts de pins et fortement morcelé par des criques magnifiques. Largement épargnée par le tourisme, cette petite ville du littoral turc n'est pas faite pour les visiteurs avides de vie nocturne. Aujourd'hui encore, une promenade à travers ses rues étroites et sinueuses ressemble à une remontée dans le temps, où l'on apercevra par la porte des échoppes les marbriers et menuisiers à l'ouvrage. L'architecture de cette ville associe une grande variété de couleurs et de styles. Cheminées et minarets — symboles jumeaux de l'ambivalence d'une ville de pêcheurs traditionnelle qui survit grâce à l'industrie légère — se découpent gracieusement à l'horizon. Ayvalik, ville florissante grâce aux industries de l'olive et du savon, est depuis longtemps le séjour estival des Turcs ; mais elle attire maintenant de plus en plus d'étrangers.

Plages

On peut se baigner à l'intérieur et à l'extérieur de la ville, mais à quelque 7 km vers le sud se trouve Sarmisakli, ravissante plage bordée d'hôtels et de cafés.

Hôtels et restaurants

Il existe plusieurs petits hôtels à l'intérieur et autour de la ville ; le **Baskent Motel**, à Sarmisakli, est d'un rapport qualité-prix très intéressant. Ayvalik propose également un bon choix de restaurants, mais la plupart des visiteurs vont au moins une fois goûter les spécialités de fruits de mer de l'île d'Alibey, en face de la baie, reliée à la côte par une chaussée. Le bord de mer est charmant, avec son port aux embarcations colorées et aux nombreux restaurants, dont certains proposent des spectacles. **Syndicat d'initiative :** Yat Limani Karsisi (tél. (311)2122).

◆◆◆
BODRUM

Bodrum, l'une des stations balnéaires les plus anciennes de Turquie, est connue pour ses remarquables équipements, son atmosphère cosmopolite et l'animation de ses nuits. C'est une station carte-postale que l'on qualifie souvent de Saint-Tropez de l'Egée orientale, particulièrement appréciée des jeunes vacanciers, bien qu'avec sa gamme étendue de boutiques, restaurants, bars et discothèques, son port de plaisance vivant et coloré, elle soit appréciée de toutes les classes d'âge. Bodrum est l'antique Halicarnasse qui, fondée au Ve siècle av. J.-C., fut une importante colonie grecque. Hérodote, le père de l'Histoire, y est né en 485 av. J.-C. Halicarnasse connut son âge d'or au IVe siècle av. J.-C., lorsque le roi de la région, Mausole de Carie, fit de la ville sa capitale. A sa mort, sa sœur-épouse Artémise lui succéda et lui fit bâtir un mémorial si grand et si élaboré qu'on en fit plus tard l'une des Sept Merveilles du monde antique. Il

Bodrum mérite bien son succès touristique

ne subsiste pas grand-chose de ce mausolée, mais l'on peut encore voir son emplacement à l'extérieur de la cité.

L'atmosphère de la ville est très déconcertante, et l'on a un sentiment particulier, comme nulle part ailleurs en Turquie, d'harmonie. Malgré l'absence de plage notable dans la station elle-même, Bodrum est devenue grâce à son cadre une cité vivante, riche en équipements touristiques modernes. Pourtant, malgré la floraison quasi quotidienne de nouveaux hôtels, elle a su garder un charme villageois. Les maisons cubiques blanchies à la chaux, croulant sous les fleurs, montent en gradins depuis le port, où de véritables bars flottants sont rangés à côté des pittoresques bateaux de pêche, et des élégants *gulets* à la coque de bois, construits sur place.

Château

La principale curiosité est le château Saint-Pierre, magnifique construction du XVᵉ siècle, perchée sur un promontoire qui divise les deux baies autour desquelles est construite la ville. Ce château, qui abrite aujourd'hui un musée et un théâtre de plein air, conserve les reliques des opérations de sauvetage au large de la côte locale, dont certaines remontent à 1 000 ans.

La construction du château débuta après l'an 1402 lorsque, Tamerlan ayant pris la cité, les chevaliers de Saint-Jean perdirent la forteresse qu'ils y possédaient. Il était à l'origine sur une île qui, depuis, a été réunie au continent. Les cinq tours

L'imposant château des croisés domine le port de Bodrum, anciennement Halicarnasse, fondé par les Doriens

du château et la chapelle gothique ont été soigneusement restaurées. La tour anglaise a été garnie de reproductions de tapisseries, de meubles, d'armes et d'armures du XVᵉ siècle, qui donnent au visiteur un excellent aperçu du cadre de vie de l'époque. Les cours du château sont

objets de valeur trouvés depuis 1968 par les expéditions en mer Egée et et en Méditerranée. On y voit des morceaux de la coque et quelques pièces de la cargaison d'un navire byzantin naufragé vers 620 ap. J.-C. ; l'épave d'un navire de l'âge de bronze ayant sombré entre 1300 et 1200 av. J.-C. ; celle d'un navire islamique qui transportait une cargaison de verre.

Mausolée
Proches du château se trouvent les ruines du tout premier mausolée, construit en 376 av. J.-C. L'essentiel de cette merveille du monde antique a été démantelé par l'un des premiers visiteurs de Bodrum, Sir Charles Newton, et expédié au British Museum à Londres.

Bazar
De l'autre côté du château, se trouve le bazar de Bodrum, une rue étroite pleine de restaurants et de bars, de petites échoppes qui proposent du cuir fin, de la joaillerie, des tapis et des articles de plage. À toute heure du jour ou de la nuit, il s'y passe quelque chose.

ornées de plantes et d'arbustes qui évoquent les temps anciens, lorsque les paons se pavanaient au milieu des lauriers-roses et des statues.
La tour française, la tour italienne et la chapelle gothique, aménagées en musées archéologiques, exposent des objets provenant des sites de la région de Bodrum. Le plus connu des musées, le musée d'Archéologie sous-marine, montre les

Plages
La plage de la ville n'est, à franchement parler, guère attirante. Pour vous consoler, de l'élégant et coloré port de plaisance, vous pouvez aller en bateau jusqu'à l'une des nombreuses criques voisines — dont certaines sont pratiquement désertes — ou vous pouvez prendre un taxi *dolmus* jusqu'aux plages de sable de Gumbel ou Ortakent, petites stations en pleine expansion, très proches de la baie.

Excursions en bateau

Vous passerez l'une de vos plus belles journées en partant en bateau reconnaître les environs de l'île d'Orak où des eaux d'une limpidité extraordinaire font la joie des baigneurs, surtout lorsqu'ils s'équipent de masques et de tubas. Les bateaux continuent jusqu'à Karaada, où vous pourrez vous baigner dans de belles sources chaudes sulfureuses. A ne surtout pas manquer : le splendide golf de Gökova, et la sinueuse route panoramique le long de la péninsule de Datça, et à la haute saison une visite d'un jour à l'île grecque de Kos.

Hôtels

L'hôtel **TMT** et le village de vacances **Milta Torba**, tous deux très bien tenus, jouissent d'excellentes réputations. Près de la station balnéaire voisine de Gümbet, le village de vacances **Metemtur**, bien situé dans une charmante baie préservée, est certainement l'un des plus attrayants et des plus raffinés de la région. A recommander également, l'hôtel **Manastir**, construit à partir des ruines d'un ancien monastère, et perché sur une colline surplombant la marina.

Discothèques

Bodrum est renommée pour sa vie nocturne. De toutes ses nombreuses discothèques, la plus en vue est l'**Halikarnas**, construite

Bodrum est devenue une station moderne et vivante, où le touriste trouve tout ce qu'il veut

en forme d'amphithéâtre au bord de la mer. A la nuit tombante l'Halikarnas s'illumine littéralement, et une spectaculaire féerie de lasers se projette sur la baie. Cette boîte de nuit, très appréciée de la jeunesse, est la plus sophistiquée de Turquie. Une fois par semaine s'y déroule une animation folklorique, avec cuisine turque, spectacles folkloriques et danse du ventre. **Syndicat d'initiative** : 12, Eylul Meyd (tél. (6141)1091). Sur la place principale du port, près des remparts du château.

• La péninsule de Bodrum

La popularité croissante de Bodrum comme lieu de vacances rejaillit sur les nombreuses petites plages qui parsèment la longue côte de sa péninsule. De nombreux estivants choisissent donc de séjourner dans ces petites stations en croissance rapide, et de prendre des *dolmus*, pour aller visiter Bodrum ou pour sortir le soir. Il y a un trafic continu en sens inverse, celui des estivants de Bodrum qui vont passer leurs journées sur les plages des petites stations, pour retourner à Bodrum en fin d'après-midi. Les distances sont évidemment variables, mais le trajet Gümbet-Bodrum prend en gros 10 minutes, et il faut compter une demi-heure depuis les stations les plus excentrées.

Gümbet

Gümbet, station balnéaire la plus proche, fait la joie des familles, des couples et des groupes. L'ambiance y est très détendue. La plage est une longue bande de sable grossier et doré qui descend en pente douce dans l'eau tiède, pour le plus grand plaisir des enfants et des adolescents.

Les pensions, hôtels et bars qui bordent la plage proposent parasols et chaises longues, et beaucoup disposent de jardins colorés où vous pourrez vous détendre devant une bière ou un verre de thé.

Les brises de l'après-midi permettent de faire de la planche à voile dans de bonnes conditions, et de suivre l'un des nombreux cours débutants ou de perfectionnement. Idem pour le ski nautique, la voile, ou même la plongée sous-marine. On peut également louer des barques, des canoës et des pédalos, pour un prix très modique.

Turgut Reis

Turgut Reis est une autre station balnéaire en pleine expansion, dont la popularité croissante tient beaucoup au fait qu'elle n'est qu'à 19 km de Bodrum. Elle est aussi appréciée des estivants qui aiment avoir des contacts avec la population : ici l'on rencontre des paysans, des pêcheurs, des tisserands vaquant à leurs affaires, et des vieillards assis à l'ombre, buvant du thé, jouant aux cartes, ou en prière.

Sur la longue plage de sable propre s'alignent des chaises longues et des parasols en forme de sombrero, que vous pourrez louer. Turgut Reis est la station la plus importante de la péninsule après Bodrum. L'arrivée à Turgut Reis en venant de Bodrum est particulièrement plaisante, avec cet écrin verdoyant encerclant la baie semée

Important centre nautique, Bitez a pourtant préservé sa tranquillité et son cachet

d'îles. La ville doit son nom à Turgut Reis, amiral turc du XVIe siècle, qui y est né.

Vous pourrez vous asseoir sur la petite promenade de bord de mer pour savourer des rafraîchissements en admirant la vue sur la baie. Au port, où se balance une flottille de barques de pêche, vous pourrez vous embarquer pour une excursion vers les autres stations de la péninsule, ou pour l'île du Lapin.

Ortakent

Ortakent est une charmante petite station balnéaire de la péninsule de Bodrum, au milieu des plantations de figuiers, d'orangers et de mandariniers. En vous promenant dans le village, vous admirerez maints témoignages de l'architecture du passé, comme la tour Mustapha Pasa, construite en 1601, et

ces vieux moulins qui couronnent la colline, tels des sentinelles surveillant la mer.

Une rue en partie ombragée traverse le village sur un peu plus d'un kilomètre, pour mener à la plage, longue bande de sable et de galets baignée par une eau tranquille. On peut faire de la planche à voile, louer un canoë, ou prendre l'un de ces bateaux qui font la navette jusqu'aux petites criques retirées. Sur la plage, vous verrez des artisans construire des bateaux, selon des techniques transmises de génération en génération.

Pour vos courses, il y a dans le village plusieurs petits marchés. Lorsque vous aurez envie de distractions plus sophistiquées, un *dolmus* vous mènera très rapidement à Bodrum.

Bitez

Bitez est une station rurale, tranquille, non sophistiquée. De petits hôtels, des pensions et des bars bordent la plage de sable et de galets, et de nombreuses petites jetées ont été aménagées pour la baignade et le bronzage. Si vous voulez essayer la planche à voile, c'est l'endroit rêvé ! Mille voiles colorées émaillent le paysage à perte de vue. Et si vous vous lassez de la plage, vous pourrez changer de cadre en quelques pas, et vous promener dans un véritable labyrinthe de petites allées, au milieu des mandariniers.

Akyarlar

Minuscule hameau de pêcheurs à une demi-heure de voiture de Bodrum, Akyarlar, qui regroupe quelques maisons, pensions, épiceries et bars, est tout à fait conseillée pour les amateurs de tranquillité et d'atmosphère authentique.

Sur la route de Turgut Reis à Akyarlar se succèdent de petites baies aux plages désertes. Juste en dessous du village d'Akyarlar, près du minuscule port, l'étroite bande de plage somnole gentiment, tandis que de l'autre côté de la baie la plage du Figuier noir et son restaurant au bord de l'eau attirent plaisanciers et excursionnistes. Des promenades en bateau vous mèneront du village aux stations voisines, ou à Bodrum *via* Turgut Reis.

Gölköy

A la fois petit village agricole et station balnéaire, Gölköy se déploie au long d'une baie peu connue, à environ 20 minutes au nord de Bodrum en *dolmus*. C'est un excellent point de départ pour aller visiter d'autres baies enchanteresses du pourtour de la péninsule. L'un des principaux attraits de Gölköy est son atmosphère villageoise, avec ces vieilles fermes au milieu desquelles vous pourrez vous promener. Loin des foules du tourisme de masse, vous aurez l'occasion d'approcher la population turque.

Güvercinlik

Güvercinlik, dont le nom signifie "l'endroit où viennent se percher les colombes", est une autre petite station non sophistiquée, nichée au fond d'un baie à 24 km de Bodrum. Parmi les aménagements de la station, un grand magasin, une poste et un étal de fruits et légumes. Il n'y a pas vraiment de plage, mais on se baigne depuis la jetée. A quelques kilomètres à peine à l'ouest de la station, la côte est entaillée par de multiples petites criques qui feront le bonheur de ceux qui recherchent la tranquillité.

◆◆◆
ÇESME

Çesme est l'une des plus grandes stations balnéaires de Turquie, et l'une des plus anciennes. Le centre de la ville, derrière le port, est fait de petites ruelles aux pittoresques maisons souvent délabrées, où savetiers, menuisiers et tailleurs semblent installés depuis toujours. Vous pourrez librement fouiner dans les nombreuses petites boutiques de ce quartier.

Station pleine de caractère, Çesme est dominée par une impressionnante forteresse du XIVe siècle d'où l'on jouit d'une excellente vue sur le port.

Sur la place principale, les statues noires de jais de Hasan

Pasa et du lion symbole de son tempérament tournent le dos à la forteresse et regardent vers la mer et l'île grecque de Chios. Les murs arrondis et lisses de cette forteresse génoise donnent sur la promenade du bord de mer, où une multitude de restaurants se font concurrence.

Dans la journée, une petite crique sablonneuse proche du port sera le refuge de ceux qui hésitent à prendre un *dolmus* pour les sables dorés d'Altinkum — à seulement 6,4 km — ou pour l'une des meilleures plages de la région, sur la route d'Ilica, à moins de 2 km. Cette grande bande de sable fin qui s'étend sur des kilomètres est isolée, et donc peu fréquentée. Son homonyme, Ilica, est une jolie ville-marina renommée pour ses bains thermaux. Le nom de Çesme signifie d'ailleurs fontaine ou source.

Autre endroit à visiter : Dalyan Koy, un petit village de pêcheurs très prisé par les amateurs de fruits de mer. Dans un cadre romantique, on pourra se restaurer au bord de l'eau. Les gastronomes apprécieront la spécialité de Çesme : les *lokmas*, délicieux beignets chauds.

Jadis, Çesme — qui s'appelait alors Kysus — était l'une des plus importantes cités d'Ionie. Centre de cure réputé, elle fut également, pendant des siècles, un port marchand et militaire très actif. Aujourd'hui, Çesme et ses environs vivent du tabac, de la culture des olives, des agrumes et de la vigne, de la pêche, et bien sûr, de plus en plus du tourisme. Le village de vacances du Dauphin d'Or, l'un des plus grands de Turquie, y est installé.

Forteresse de Çesme

La forteresse a été agrandie et garnie de nouvelles tours en 1508, lors de sa restauration par le sultan ottoman Beyazit II, fils de Mehmet le Conquérant. Le château et le port offraient protection aux navires marchands et militaires, contre les intempéries ou les attaques ennemies. La poterne sud de la forteresse est un beau spécimen de l'architecture ottomane.

Musée des Armes ottomanes

Situé à l'intérieur de la forteresse, ce musée présente un excellent choix de canons, d'épées, d'armures, de pistolets et de fusils, pour la plupart provenant des collections du palais de Topkapi, à Istanbul. On y remarquera le fusil aux incrustations d'or et d'argent, ayant appartenu au sultan Abdulaziz.

Caravansérail

Edifié en 1529 par l'architecte Omar, cette auberge à deux étages qui jouxte la forteresse a été transformée en hôtel en 1986. Un restaurant a été aménagé dans sa cour splendide, où se tiennent régulièrement des spectacles folkloriques.

Mausolée

Ce musée du XVIIIe siècle, de forme hexagonale, est très caractéristique de l'architecture des mausolées ottomans.

Hôtels et restaurants

Le Dauphin d'Or, énorme village de vacances avec ses 508 chambres, est très apprécié des visiteurs soucieux de la qualité des équipements. Nous vous recommandons aussi l'hôtel Tur-

Immeubles et villas de vacances envahissent le versant qui domine le port de Çesme

ban, situé sur une superbe bande de plage. Choix important de restaurants et de bars, vie nocturne animée, assez chic, avec bars avec orchestre ou discothèques contribuant à l'ambiance trépidante de la station.

Syndicat d'initiative : Iskele Meyd, 8 (tél. (5492)6653). Situé au débarcadère du port.

• Excursions à partir de Çesme

◆
ERYTHRAI
A 22 km au nord-est de Çesme, à Ildir, se trouvent les ruines d'Erythrai, autre grande cité ionienne. Implantée sur le rivage d'une belle anse semée de petites îles, Erythrai fut occupée par les Crétois et les Pamphyliens après la guerre de Troie. Mais, bien que le peuple ait réussi à préserver ses traditions, la ville finit par être incorporée au parlement ionien avant d'être soumise par Basili de Genos. Plus tard, l'attaque de la cité par les Perses entraîna sa ruine.

◆◆
SIGACIK
En quittant la route Izmir-Çesme, dans la direction de Seferihisar, on accède au village de Sigacik, pittoresque petit port entouré de murailles datant de l'époque génoise. Il y a à l'ouest de la baie de Sigacik une belle

Les tombes antiques lyciennes, creusées dans la roche, abondent en Anatolie ; celles-ci sont à Dalyan

plage d'où l'on peut facilement gagner le site de l'antique Teos. *Fin des excursions*

◆◆◆
LE DELTA DE DALYAN
Le delta de Dalyan fait parler de lui depuis quelques temps, parce que ses sables sont l'un des derniers lieux de reproduction de la tortue de mer en Europe. La fantastique beauté du site a suscité des projets d'ampleur, notamment la construction de grands hôtels à l'endroit précis où les rares tortues venaient pondre leurs œufs. Mais grâce aux pressions des écologistes, ces projets ont été revus par le gouvernement turc.

On atteint le delta par bateau, à partir du village voisin de Dalyan, et la meilleure façon d'en profiter est de faire l'une de ces excursions à la journée comprenant la visite de l'ancienne cité de Caunus, et une baignade dans le lac Köycegiz.

Hôtels et restaurants
L'hôtel-restaurant **Kaunos**, près de Köycegiz, est l'un des meilleurs de la région.

canalisations antiques et les fondations circulaires d'un petit temple (ou bassin).
Fin de l'excursion

◆◆◆
DATÇA

Pittoresque village de pêcheurs à l'extrémité la plus occidentale de la péninsule anatolienne, là où la mer Egée se fond dans la Méditerranée, Datça devient une station à la mode, grâce aux nombreux yachts qui y font escale, et à la proximité de splendides plages de sable. La ville a beaucoup de charme, et une atmosphère tout à fait cosmopolite. Nombreux hôtels, restaurants et boutiques, dont deux antiquaires spécialisés dans les tapis et tentures murales. On peut voir des dauphins au large, et près de la plage un lagon alimenté par un ruisseau d'eau fraîche.

Hôtels
L'hôtel **Dorya**, entouré de splendides jardins, est très bien situé. A recommander également : le **Club Datça Tatil Koyu**, avec piscine, sauna, courts de tennis et sports nautiques.
Syndicat d'initiative : Iskele Mah, Belediye Binasi (tél. (6145)1163).

Syndicat d'initiative : Kordon Golpark 1, Köycegiz (tél. 1703). Près du front de mer.

• Excursion à partir de Dalyan

◆◆
CAUNUS

Quoique moins spectaculaires que les ruines de nombreux sites historiques de Turquie, celles de Caunus, où l'on accède en bateau par le delta de Dalyan, restent impressionnantes. Elles comprennent : un amphithéâtre de 20 000 places, au sommet duquel on découvre un impressionnant point de vue, des bains romains avec leurs

• Excursion à partir de Datça

◆◆
KNIDOS

L'un des autres attraits de Datça est la proximité des ruines de Knidos (Cnide), à 38 km. Bien que laissées à l'abandon, elles donnent une idée de cette énorme cité antique fondée en 400 av. J.-C., refuge naturel des

LA CÔTE ÉGÉENNE

marins, en ce point de rencontre des deux mers.

Cnide était un centre artistique réputé. En sont originaires Sostratos, célèbre architecte du phare d'Alexandrie — l'une des Sept Merveilles du monde — et le mathématicien Eudoxus qui, le premier, calcula la circonférence de la terre. Sous la domination perse, la prospérité de la ville devint telle que le port marchand s'avéra insuffisant. La ville fut alors déplacée jusqu'à la pointe de la péninsule, dotée de deux ports naturels. Charles Newton entreprit les premières fouilles en 1857, et fit expédier toutes les trouvailles intéressantes, dont une statue de la déesse Déméter, au British Museum de Londres. Les ruines ayant été régulièrement pillées depuis, il ne reste que des fondations de temples, deux théâtres, un odéon et ce que l'on nomme la tombe au lion.

Il est possible de prendre un taxi depuis Datça jusqu'au village le plus proche, puis de marcher pendant 5 km jusqu'à l'extrémité de la péninsule. Le chauffeur vous attendra pour le retour. Plus pratique sera une excursion en bateau à la journée depuis Datça, où des haltes sont prévues pour la baignade. Il existe également des excursions en bateau pour Datça depuis Bodrum, et des promenades en car ou minibus depuis Marmaris.

Fin de l'excursion

FETHIYE

Le charmant golfe de Fethiye, dont la large baie au rivage dentelé est semée de petites îles, est l'une des plus impressionnantes bandes côtières de Turquie, avec sa végétation luxuriante, ses montagnes dont les pentes boisées descendent vers la mer. La ville de Fethiye, qui surplombe une belle baie, est un site ancien couronné d'une forteresse construite par les croisés. Dans la falaise qui l'entoure sont creusées de vieilles tombes lyciennes. La ville est construite sur le site de l'antique Telmessos, réputée pour ses érudits. Philippe de Macédoine demanda à un sage de Telmessos d'interpréter un rêve. Ce sage, Aristander, prophétisa la naissance et la carrière d'Alexandre, et lorsque ce dernier eut grandi, il l'accompagna dans ses campagnes. Alexandre s'empara de la cité de Telmessos par la ruse, en demandant aux habitants de laisser entrer ses musiciens. Les habitants ayant accepté, les musiciens attendirent la nuit pour s'emparer d'armes et de boucliers et prendre la ville. Pourtant, Alexandre rendit la cité à son roi en hommage à Aristander, et se contenta de laisser l'un de ses généraux pour gouverner la Lycie. Comme les autres cités lyciennes, Telmessos fut successivement dominée par les Egyptiens, les Syriens, les Rhodiens, les Romains et les Byzantins.

On n'a entrepris aucune fouille dans la cité elle-même, et les vestiges visibles sont rares, d'autant plus qu'un tremblement de terre a détruit simultanément, en 1958, les constructions antiques et ottomanes. Pourtant, deux tombes lyciennes restent visibles, l'une en dessous des tombes de la falaise, et l'autre près des quais. Bien qu'inintéressante sur le plan architectural, Fethiye n'est pas sans attraits. Une large promenade ombragée, où s'étalent les terrasses de cafés, entoure le port coloré et la marina.

Ces fascinantes tombes rupestres proches de Fethiye, aux façades ornementées, sont creusées dans une falaise abrupte

L'activité diurne tourne autour du marché découvert, véritable explosion de couleurs, de sons et d'odeurs, où l'on trouve beaucoup de marchandises et de souvenirs : babouches colorées, bijouterie artisanale, maroquinerie, etc.

Située dans un site agréable, à la fois centre de pêche et de négoce, Fethiye est une ruche bourdonnante d'activité. Elle n'est pas vraiment belle, mais

on se laisse prendre par le charme de son authenticité, puisque restaurants et boutiques sont, avant tout, destinés aux autochtones. Les côtes voisines sont riches en plages sablonneuses.

Hôtels et restaurants

L'hôtel **Likya** est bien situé et passe pour être l'un des meilleurs hôtels de la ville. Pour vous attabler, vous n'aurez que l'embarras du choix, entre les multiples bars et restaurants de la ville, et ceux du front de mer. La plupart offrent une gamme variée de spécialités allant des brochettes aux succulents poissons frais.

Les nombreux vestiges de Xanthos évoquent la grandeur de son passé

Syndicat d'initiative : Iskele Meyd 1 (tél. (6151)1527). Près de la marina.

• Excursions à partir de Fethiye

De cette région, les excursions possibles sont nombreuses. Aux abords immédiats de Fethiye, au flanc de la falaise, se trouvent les fameuses tombes troglodytiques lyciennes. Vous pourrez également vous aventurer jusqu'aux sites antiques de Patara et Xanthos.

◆◆
PATARA

Une excursion à Patara — à 80 km de Fethiye — s'impose pour deux raisons : non seulement c'est un site antique très ancien, mais encore ses plages sont parmi les plus vierges de Turquie.
Patara a été autrefois très actif, puisqu'il était pendant la période romaine le premier port de Lycie. La plupart des ruines visibles — en particulier le théâtre — remontent à cette époque. Patara a été décrété zone protégée par le gouvernement turc, ce qui signifie un sévère contrôle des implantations hôtelières, interdites près des plages ou des ruines, dont vous découvrirez l'ampleur en grimpant à travers les dunes de fin sable clair.

◆◆
XANTHOS

L'armée perse investit la plaine de Xanthos sous le commandement d'Harpagos, et livra bataille aux Xanthiens. Les Xanthiens submergés sous le nombre se battirent avec une bravoure légendaire contre les

*troupes perses, mais furent fina-
lement battus et repoussés à
l'abri des murailles de leur cité,
où se massèrent femmes,
enfants, esclaves et trésors. Puis
l'ensemble fut incendié de
l'extérieur par la base des
murailles, et tout disparut dans
le brasier. Alors les guerriers de
Xanthos lancèrent une dernière
attaque contre les Perses, en
hurlant leurs cris de guerre, et
ils périrent jusqu'au dernier.*

Tel est le récit d'Hérodote
d'Halicarnasse (Bodrum). Le
fait que Sarpendon de Xanthos
ait commandé des troupes
lyciennes pendant la guerre de
Troie nous permet de supposer
que Xanthos existait bien avant
1200 av. J.-C. Cette magnifique
cité, à 65 km de Fethiye, fut
reconstruite par les Perses après
ces événements, mais brûla de
nouveau entre 475 et 450
av. J.-C., comme l'indique
l'épaisse couche de cendre
découverte à l'occasion d'exca-
vations. Après les dominations
successives d'Alexandre le
Grand, des Ptolémées et du
monarque syrien Antiochus III,
Xanthos devint capitale de la
Confédération lycienne, au IIe
siècle av. J.-C.
Les Romains démolirent l'acropole lycienne et massacrèrent
les habitants. Pourtant, le fait
qu'un an plus tard Marc-
Antoine ait fait reconstruire la
ville et exécuter un portail
monumental au nom de l'empereur Vespasien indique une
normalisation des relations avec
les Romains. La cité fut abandonnée à l'époque byzantine,
après la première incursion
arabe.

Xanthos a été redécouverte en
1838 par un archéologue
anglais qui fit expédier tous les
bas-reliefs et toutes les pièces
intéressantes à Londres par un
vaisseau militaire en partance
de Patara. Beaucoup d'œuvres
d'art provenant du site sont
aujourd'hui visibles dans la
salle lycienne du British
Museum.
La cité dominait une plaine verdoyante arrosée par la rivière
Esen (Xanthos) et l'on peut y
voir de nombreux monuments
des périodes lycienne, romaine,
et byzantine. Près du théâtre
romain se trouvent trois splendides mausolées : un romain,
tombe à colonnade datant du
1er siècle ap. J.-C. ; un lycien,
tombe à colonnade perchée sur
un haut piédestal, datant du IVe
siècle av. J.-C., sur laquelle on
a trouvé un bas-relief de lutteur
antérieur à la tombe ; et enfin
le fameux tombeau des Harpies,
dont les reliefs originaux sont
aujourd'hui au British Museum.
On les a remplacés par des
moulages. Près du théâtre se
trouvent les vestiges d'une
église byzantine et d'un palais
lycien, et un peu plus loin la piscine lycienne, creusée à même
la roche. La terrasse royale
située à l'extrémité de l'acropole surplombe toute la plaine.

Calis
Fethiye étant dépourvue de
plage, Calis, distante de 6,4 km
seulement, s'est engouffrée
dans la brèche, et la petite station est devenue un centre fréquenté de loisirs nautiques. Elle
possède une longue et large
plage de gros sable et de galets,
rafraîchie l'après-midi par une

forte brise marine qui adoucit la température au plus chaud de l'été, et qui convient à merveille à la planche à voile.

La plage qui, étant assez vaste, est rarement bondée, est longée par une promenade bordée de cafés, de restaurants, de pensions et d'hôtels, et même d'une discothèque.

On découvre en face de la baie un magnifique panorama de petites îles, et derrière la plage un cirque de majestueuses montagnes verdoyantes, l'ensemble conférant à Calis un attrait irrésistible.

La petite station offre un choix de restaurants et *lokantas* assez large pour satisfaire tous les besoins des vacanciers et la vie de Fethiye n'est qu'à un seul saut en *dolmus*, pour presque rien.

Fin des excursions

◆◆
FOÇA (PHOCÉE)
Ancienne forteresse pirate, Foça est une cité de pêcheurs tranquille et séduisante, à l'atmosphère décontractée. La petite plage de galets à l'extrémité de la baie est très fréquentée, mais la meilleure baignade de la région est une plage de sable blanc distante de 3 km. Foça, ancien port phocéen, qui était la plus septentrionale des colonies ioniennes, était renommée pour son port et ses marins. Les Phocéens fondèrent plusieurs colonies sur les côtes septentrionales de l'Asie Mineure et en Méditerranée occidentale vers le VIIIe siècle av. J.-C.

Syndicat d'initiative : Atatürk Mah Foça Girisi (tél. (5431)1222).

Coucher de soleil romantique sur la baie d'Izmir

• **Excursion à partir de Foça**

◆◆◆
PERGAME
Le site antique de Pergame — appelée Bergama — est aisément accessible de la station. C'est l'un des plus impressionnants de Turquie. Il se situe à la sortie de la ville de Pergame, dont le beau musée se trouve au milieu d'un magnifique jardin. La visite de la bibliothèque, qui avec ses 2 000 000 livres rivalisait autrefois avec celle d'Alexandrie, est particulière-

pour la guérison des maladies du corps et de l'âme.
Fin de l'excursion

◆◆◆

IZMIR

Izmir est une ville agréable aux boulevards ombragés de palmiers, à l'atmosphère vivante, aux excellents hôtels et aux belles boutiques. Le visiteur appréciera ses restaurants de fruits de mer de premier choix, ses musées, un parc culturel, et un bazar où l'on trouve antiquités, bijoux et vêtements. Troisième port de Turquie et troisième ville par la taille, avec ses quelque 2 000 000 habitants, son site, à l'extrémité d'une large baie entourée de montagnes, est très impressionnant. Bien que ce ne soit pas une station balnéaire, c'est un important centre touristique.

La cité n'a que peu de vestiges de son riche passé, à cause du grand incendie qui la détruisit en partie en 1922. Pourtant, il reste de belles choses à voir.

Depuis Cumhuriyet Meydani (place de la République), où se trouve une imposante statue d'Atatürk, vous pouvez emprunter Atatürk Caddesi, avenue de front de mer avec ses restaurants, ses night-clubs et ses agences de voyage. A Konak Meydani se trouve une élégante tour-horloge de style mauresque. A partir de là vous pourrez vous promener dans les petites rues jusqu'au bazar, aussi coloré qu'animé. Près du bazar se trouvent trois belles mosquées, Kemeralti Camii, Hisar Camii et Sadirvan Camii, et deux caravansérails du XVIIe siècle.

ment intéressante. On dit que Marc-Antoine en préleva les plus beaux pour les offrir à Cléopâtre. Durant l'âge d'or de la cité, on y construisit un gymnase et un autel à Zeus. Les bas-reliefs comportaient plus de 1 000 figures, mi-animales mi-humaines, célébrant la victoire du Bien sur le Mal.

L'amphithéâtre possède 80 gradins capables d'accueillir 10 000 personnes. L'Asclepion, ancien centre médical, est lui aussi impressionnant. On y testait les vertus des plantes médicinales et des eaux sacrées, et il était considéré comme l'un des meilleurs centres au monde

Agora romaine
Non loin du bazar sont situés les vestiges de l'Agora romaine, datant du IIᵉ siècle ap. J.-C. Plusieurs portails ouvrent sur la place, où l'on peut voir des statues de Poséidon, Déméter et Artémis.

Le château de Velours
Kakifekale, le château de Velours, domine Izmir depuis le sommet du mont Pagos. D'après la légende, c'est sur cette montagne que Némésis apparut en rêve à Alexandre le Grand, pour lui demander de fonder une ville sur ce site et d'encourager les habitants de la vieille cité d'Izmir à s'y installer. La première forteresse fut construite par Lysimachus, l'un des grands généraux d'Alexandre, et ultérieurement restaurée par les Romains et les Byzantins. Du château, on découvre un magnifique panorama sur la ville et la baie d'Izmir.

Hôtels et restaurants
Nous recommandons le **Buyuk Efes**, cher pour la Turquie, mais qui vaut le supplément, et le **Etap Izmir**. Parmi les nombreux restaurants du front de mer, nous conseillons le **Deniz**.
Syndicat d'initiative : GOP Bulv., Buyuk Efes Otel Alti, 1/C (tél.(51)142127), Telex 53451.

• Excursions à partir d'Izmir
Izmir est la base idéale de nombreuses excursions, notamment vers les sites historiques d'Ephèse et d'Aphrodisias.

◆◆◆
KUSADASI
Au centre de la côte égéenne turque, dans l'ancienne Ionie, se trouve Kusadasi, l'''île aux oiseaux'', entourée par quelques-uns des sites historiques les plus riches du monde. Le cadre superbe de Kusadasi, ses belles plages, son port et sa marina colorés, ses terrasses de cafés, ses restaurants de bord de mer, et ses nombreuses boutiques, en font l'une des stations balnéaires les plus populaires de la côte égéenne. Pourtant, les navires en croisière y faisaient escale bien avant l'explosion du tourisme turc. En effet, elle est l'accès le plus facile aux ruines de la cité antique d'Ephèse, le must touristique de la région. En haute saison, jusqu'à huit navires par jour jettent l'ancre dans le port.
Malgré l'expansion considérable des dernières années, cette station, située face à l'île grecque de Samos, a réussi à préserver son charme.

Plages
Kusadasi possède deux plages : une en ville, guère engageante, et une autre bien plus agréable, Kadinlar, la plage des Dames, située à 3 km de la zone portuaire. C'est une bande de sable fin de 700 m, derrière laquelle s'alignent *lokantas* et restaurants. Pour les obsédés du bronzage, des marchands ambulants sillonnent la plage en proposant nourriture et boissons. Quelques-unes des plus belles plages de Kusadasi appartiennent à des complexes hôteliers. On paye un modeste droit d'entrée, mais le ticket donne droit à des consommations. La grande promenade dégagée qui sépare la mer de l'avenue prin-

cipale est le lieu idéal des flâneries matinales ou de fin d'après-midi. On remarquera cet hôtel-restaurant de luxe aménagé dans un vieux caravansérail où les caravanes de chameaux passaient autrefois la nuit.

Shopping

Kusadasi abonde en terrasses ombragées où l'on peut déguster un raki ou un verre de thé turc. La rue principale est bordée de boutiques où l'on trouve de tout à des prix intéressants : des cuirs, bijoux, cuivres et onyx aux simples tee-shirts.

Curiosités

La vieille ville de Kusadasi est un labyrinthe pittoresque, dont certaines rues sont fortement en pente, et dont les maisons sont ornées de fleurs et de cages à oiseaux. La majorité des boutiques se trouvent dans la partie basse, juste derrière le front de mer.

Sur la petite île de Guvercin Adasi (l'"île aux colombes"), reliée au continent par une petite jetée, trône une forteresse bâtie par les Turcs aux XIVe et XVe siècles, qui passe pour avoir été un repaire de pirates célèbres dont les raids menaçaient la Méditerranée entière. Aujourd'hui, les jardins qui l'entourent et la discothèque qu'il abrite ne sont hantés que par les vacanciers, surtout le soir au coucher du soleil, lorsque l'atmosphère de la baie s'emplit de mystère...

Hôtels et restaurants

Parmi les hôtels conseillés, le **Kismet**, aux jolis jardins, situé

Le vieux caravansérail du XVIIe siècle de Kusadasi a été transformé en hôtel de luxe

sur un promontoire à 3 km du centre de la ville, le **Club Caravanserail**, aménagé dans un magnifique caravansérail construit en 1618 ; et enfin l'hôtel **Tusan**, à la périphérie. A l'autre bout de l'échelle, le **Diamond Pension** est un adorable petit hôtel simplement meublé, situé près de l'eau dans un endroit tranquille.

On peut passer une soirée turque au Caravanserail, avec plats traditionnels et danses du ventre, mais aussi s'installer dans une *lokanta* ou un restaurant.

Si vous cherchez un bar, il suffit de lever les yeux : il y en a partout.

Les bars et les restaurants de Kadinlar vont du simple établissement à auvent de chaume et tables branlantes aux endroits chics comme le **Salmuk** où joue un orchestre. Kusadasi est riche en discothèques, et beaucoup de restaurants invitent des orchestres au moins une fois par semaine — une plaie ou une bénédiction, à vous de juger ! Syndicat d'initiative : Iskele Meyd (tél. 6361) 1103). Près des douanes, au débarcadère.

• Golfe de Kusadasi

Guzelcamli
L'ample golfe de Kusadasi est morcelé par de petits promontoires découpant de nombreuses baies bordées de longues plages sablonneuses. Dans l'une de ces baies, à 25 km environ du centre de Kusadasi, se niche la petite station de Guzelcamli, en plein essor. C'est le séjour idéal pour des vacances reposantes, avec la possibilité de profiter de l'animation de Kusadasi, où vous transportera pour un prix modique un *dolmus*. La station, dont le caractère turc est encore intact, s'est développée autour de la plage de gros sable d'une jolie anse. Le vieux village, à quelque distance de la plage, regroupe la plupart des *lokantas*, bars et restaurants. C'est de là que les *dolmus* vous mèneront à Kusadasi.

Plages
Il existe une plage plus agréable que celles de la station, à quelques pas seulement, équipée de chaises longues, d'auvents, et d'un bar de plage. Il y a deux plages encore plus agréables dans le parc national, célèbre pour ses beautés naturelles et ses magnifiques criques désertes aux plages non polluées. Toutes ces plages sont facilement accessibles par *dolmus*.

• Excursions à partir de Kusadasi
Ceux que l'histoire intéresse

Ephèse — un théâtre presque complet dans un cadre somptueux

modérément devront faire une exception pour les splendides ruines d'Ephèse, à une demi-heure environ de Kusadasi. C'est l'un des sites les plus impressionnants de Turquie. On se rend en général à Ephèse en se joignant à l'une des nombreuses excursions organisées depuis Kusadasi, mais l'accès en est aussi facile par *dolmus*. La longueur du trajet est de 11 km. Des excursions sont également prévues jusqu'aux fascinantes cités antiques ioniennes de Priène et Milet et, durant l'été, des bateaux desservent régulièrement l'île grecque de Samos.

♦♦♦
ÉPHÈSE
Les voyageurs traversant Ephèse au début du XIXe siècle n'y voyaient qu'un groupe de chaumières, indignes d'être mentionnées dans les carnets de voyage. Mais aujourd'hui, c'est l'un des plus célèbres sites historiques de Turquie, et le plus visité. Les fouilles, commencées en 1896 par des archéologues autrichiens, n'ont pratiquement jamais cessé. C'est l'une des trois cités dessinées par l'architecte Hippodamos, qui vécut à Milet au IVe siècle av. J.-C. Le plan conçu à Milet fut ensuite appliqué à Ephèse et à Priène. Parfois appelé plan au carré, il consiste en un entrecroisement de rues, les rues principales étant bordées de bâtiments publics et de temples, et les rues secondaires de maisons. Cette grille apparaît clairement depuis la colline voisine qui sert de belvédère. Les trois rues principales sont la rue du Port

ou d'Arcadie, la rue de Marbre et la rue des Curètes. La plupart des bâtiments visibles aujourd'hui sont situés sur ces trois rues, et presque tous datent de la période romaine. En entrant dans la cité par le port, le premier bâtiment remarquable est le splendide amphithéâtre construit sur le flanc du mont Panayir. Sa capacité de 24 000 places en fait le plus grand d'Anatolie. Construit à l'époque hellénistique, il fut largement détérioré par les Romains. A la période byzantine, la plupart de ses gradins furent arrachés pour servir à d'autres constructions, mais les archéologues en ayant retrouvé un grand nombre, le théâtre a aujourd'hui retrouvé son aspect de l'époque romaine. Près de l'entrée du site se trouve le gymnase de Vedius (100 ap. J.-C.). Au croisement de la rue de Marbre et de la rue des Curètes, on admirera la façade de la bibliothèque de Celsus, l'un des plus beaux spécimens de décoration romaine. Le bâtiment est tourné vers l'est, afin que la lumière matinale puisse entrer par les fenêtres des salles de lecture. Elle a été bâtie par un riche Romain, Hulius Aquila, à la mémoire de son père Celsus, préfet d'Asie ; sa collection de livres était l'une des plus riches du monde antique.
En poursuivant la rue des Curètes vers la droite, on verra les maisons recouvertes de tuiles de riches Ephésiens, montant par degrés sur des caves, et construites en forme de péristyles autour de patios à colonnes. Les objets d'ivoire, statuettes de valeur et fresques, découverts

à l'occasion des fouilles, confirment l'aisance de leurs occupants. Les piliers de brique sous les planchers indiquent qu'il y avait un chauffage par le sol, à la manière des bains romains. Du célèbre temple d'Artémis, l'une des Sept Merveilles du monde antique, il ne reste malheureusement que quelques vestiges de colonnes. Version hellénisée d'une déesse anatolienne de la fertilité beaucoup plus ancienne, Cybèle, Artémis était adorée dans toutes les cités grecques. Mais à Ephèse son importance était capitale. On croyait que la statue de la déesse, dans le temple, avait été offerte par les Amazones, ou encore, selon une autre version, qu'elle était un cadeau des cieux. Pour les habitants, l'Artémise d'Ephèse ne se contentait pas d'apporter la prospérité à la région, mais elle était capable de guérir, de réguler l'activité commerciale, de triompher des difficultés, et de protéger la cité des dangers. Tant de bienfaits méritaient en retour un traitement de faveur ; aussi la statue était-elle l'objet des soins attentifs de dizaines de prêtres, de prêtresses, de vestales, de musiciens...

◆◆◆
SELÇUK

La ville de Selçuk, à proximité immédiate d'Ephèse, est dominée par une forteresse byzantine qui fut jadis le plus grand temple d'Asie Mineure avec son péristyle de 129 colonnes de marbre. Son musée présente des pièces intéressantes, notamment une statue d'Artémis grandeur nature.

MAISON DE LA VIERGE MARIE

7 km après Selçuk, se dresse une petite chapelle, que l'on dit bâtie à l'emplacement d'une maison occupée par la Vierge Marie à la fin de sa vie. C'est aujourd'hui un lieu de pélerinage.

Syndicat d'initiative : Atatürk Mah, Efes Muzesi Karsisi 23, Selçuk (tél. (5451)1328 ou 1945). En face du musée.

◆◆
PRIÈNE

Priène, perchée sur un rocher et aujourd'hui à 16 km de la mer, derrière une plaine alluviale, fut l'un des ports les plus actifs de la fédération ionienne. Le principal intérêt du site est le plan géométrique conçu au IVe av. J.-C. par Hippodamos de Milet. Le théâtre est le plus intéressant vestige de Priène ; ses gradins inférieurs sont presque intacts, et l'ensemble du théâtre a gardé son caractère original. Il ne reste que quelques colonnes du temple d'Athéna, qui était d'architecture ionienne classique. Priène est à environ 50 km au sud de Kusadasi.

◆◆
MILET

Milet était, avec ses quatre bassins, un grand port ionien, comme Priène. C'est la ville natale de plusieurs sages et philosophes. La plupart des monuments du site sont très ruinés, à l'exception du théâtre et des thermes de Faustine. Le théâtre, reconstruit à la période romaine, est très impression-

A Marmaris, un vieil homme et sa balance

nant. Cinq des colonnes du grand temple d'Athéna ont été relevées, pour donner une idée de son ampleur. Milet est à environ 50 km au sud de Kusadasi.
Fin des excursions

♦♦♦
MARMARIS
Son site grandiose, au pied de collines boisées de pins, en fait l'un des plus saisissants paysages de Turquie. Palmiers, atmosphère décontractée, équipements de qualité... tout contribue à faire de la pittoresque Marmaris, dont la plage n'a pourtant rien d'exceptionnel, une station de premier plan. Elle est un lieu de vacances très apprécié des Turcs. Cette jolie région côtière à relief de fjords, où la mer Egée rencontre la Méditerranée, se distingue par ses nombreuses criques désertes que baignent des eaux chaudes bleu turquoise. C'est l'endroit rêvé pour le soleil et la baignade.

Autrefois appelée Physcus, port important de la route commerciale reliant l'Anatolie, Rhodes et l'Egypte, Marmaris faisait partie d'un royaume du sud-ouest égéen, le royaume de Carie, dont les deux grandes villes étaient Knidos et Bodrum, la capitale. Au VIe siècle av. J.-C., la Carie passa sous domination lydienne, puis devint perse, jusqu'à la victoire d'Alexxandre le Grand en 334 av. J.-C. Les Romains s'emparèrent de la région dès 163 av. J.-C., et après la division de l'Empire romain, la région devint byzantine. En 1282 ap. J.-C. l'émir turc de Mentese s'en empara, et en 1425 les Turcs ottomans imposèrent leur domination.

Aujourd'hui, Marmaris est une petite station bien équipée. Elle ne manque ni d'hôtels et de villages de vacances de qualité, aux normes internationales, ni d'hôtels plus modestes mais convenablement équipés, ni de pensions tenues par des familles turques, ni de villas et d'appartements modernes.

Derrière le port de plaisance, un château médiéval bâti sur une colline par Soliman le Magnifique domine le site. Il est intéressant pour ses remparts historiques, mais aussi pour sa vue splendide sur la ville et l'ensemble de la baie.

Plages
Les meilleures plages, qui ne sont pas dans la station elle-

même, mais un peu plus loin sur la baie, sont facilement accessibles en *dolmus*. Les plus jolies sont celles qu'on atteint par la mer : belles criques sablonneuses pratiquement désertes, recherchées pour les pique-niques ou les journées paresseuses au soleil, pour la mer et la beauté du cadre. Les équipements étant nombreux, les amateurs de sports nautiques pourront s'adonner à la voile, à la planche à voile et au ski nautique, ou à ce nouveau sport qui fait fureur, le jet-ski, pour un prix raisonnable.

Le bateau *dolmus*, équivalent marin du taxi de même nom, dessert les nombreux îlots et plages de la baie, tandis qu'une ligne régulière de ferries dessert Rhodes. De nombreuses autres excursions sont également proposées. Les prix varient beaucoup de la haute à la basse saison.

La zone du port et de la marina, avec ses nombreux yachts, bateaux de pêche ou d'excursions, est particulièrement vivante et colorée. Sur la promenade de bord de mer, si belle avec ses palmiers, vous pourrez vous asseoir sur un banc pour admirer la baie, ou consommer glaces et boissons fraîches.

Achats

Les meilleures boutiques — Marmaris est certainement la station balnéaire la plus intéressante dans ce domaine — se regroupent dans les rues débouchant sur la promenade. Beaucoup restent ouvertes jusqu'à une heure avancée. On y trouve notamment du miel local et des éponges, cadeaux appréciés.

Hôtels et restaurants

Marmaris possède une gamme étendue d'hôtels de qualité et de pensions. Nous recommandons le **Karacan**, un hôtel tout confort magnifiquement situé au bord de la plage, le **Lydia**, qui trône au milieu de superbes jardins tropicaux, et le **Flamingo**, dont le grand restaurant en terrasse ombragée donne sur un solarium et sur la plage.

Il existe un grand choix de restaurants, de pâtisseries aux devantures appétissantes, de bars — le **Daily News** étant l'un des plus renommés — et plusieurs discothèques.

Syndicat d'initiative : Iskele Meyd, 39 (tél. (6121)1035). Près de la douane portuaire.

Icmeler

Avec la popularité croissante de Marmaris, Icmeler, à seulement 10 minutes de taxi, est en train de devenir une station à part entière, grâce à son attrayante plage de sable couleur bronze, longue de 800 m. Ici la mer est chaude et limpide, ce qui attire particulièrement les baigneurs et les amateurs de planche à voile. Il est possible de louer du matériel pour les sports nautiques, y compris pour le jet-ski, des chaises longues et des parasols. Bien que de plus en plus fréquentée, Icmeler a gardé son charme de petite station, et reste le refuge des vacanciers épris de tranquillité et de beaux paysages.

On trouvera au village un certain nombre de petits supermarchés, de marchands de fruits et légumes, de bars et de *lokantas*, et de petits restaurants typiques. Il y a même une boîte de nuit, dont la popularité est telle qu'elle attire du monde de Marmaris, station pourtant beaucoup plus importante et sophistiquée.

• Excursions à partir de Marmaris

Marmaris est le point de départ de nombreuses excursions, par voie terrestre ou maritime. On n'y est guère éloigné de Fethiye et ses tombes lyciennes creusées à même la falaise, du paradis balnéaire de Olu Deniz, aux plages de sable blanc, ou de Pamukkale. Le site antique d'Aphrodisias n'est pas très loin non plus.

LES ÎLES

On peut aller passer une journée sur l'île du Paradis, où la seule trace de civilisation est une modeste *lokanta*. Des excursions partent régulièrement pour l'île Cléopatre, dont le sable argenté a, paraît-il, été importé par Marc-Antoine de la côte turque de la mer Noire.

◆◆◆

PAMUKKALE

Pamukkale est l'un des nombreux joyaux du trésor touristique turc. Le terme de joyau n'est pas trop fort pour désigner le "château de coton", surnom bien choisi de ce site extraordinaire, où les eaux d'une source thermale riche en oxyde de calcium ont formé une blanche et

A Pamukkale, l'eau se déverse de bassin en bassin, déposant du calcium sur les énormes stalactites

étincelante cascade pétrifiée de stalactites, qui jaillit du rebord d'un plateau, en une série de cuvettes et de bassins. Le meilleur moyen d'accès est de prendre le bus ou le train jusqu'à Denizli. Il restera 17 km à parcourir en *dolmus*.

◆◆◆
HIÉRAPOLIS

Sur le plateau se trouvent les ruines de Hiérapolis, fondée au IIe siècle av. J.-C., où l'on peut voir, entre autres bâtiments antiques, les thermes où l'on a aménagé un musée de sculptures. Le site renferme également une basilique chrétienne, un temple d'Apollon, un théâtre et le martyrium de Philippe, dédié à l'apôtre martyrisé à cet endroit en 80 ap. J.-C.

◆◆◆
APHRODISIAS

Les ruines d'Aphrodisias, situées au pied des monts Baba Dag, forment l'un des plus importants sites archéologiques de Turquie.

La ville, foyer religieux voué au culte d'Aphrodite, possédait une grande école de sculpture. Elle n'atteignit pourtant son apogée littéraire, religieuse et artistique qu'à l'époque romaine. Son immense stade, qui pouvait contenir 30 000 spectateurs, est l'un des mieux conservés de l'antiquité romaine. 14 des majestueuses colonnes du temple d'Aphrodite, grand sanctuaire et lieu de pèlerinage, sont restées debout. Près du temple, se trouve un élégant portail. Il y a également un petit odéon, salle de concert avec une fosse pour l'orchestre

Le cadre est si grandiose, qu'on ne s'étonne pas du succès d'Olü Deniz

et une scène richement ornée de mosaïques et de statues.

Il reste plusieurs portiques ioniques et 12 colonnes de la place centrale, ou agora. Les thermes d'Hadrien méritent eux aussi la visite, ainsi que deux palais, résidences d'un évêque et d'un haut-fonctionnaire byzantin. Ne manquez surtout pas les belles sculptures exposées au musée voisin de Geyre.

Fin des excursions

◆◆◆
OLÜ DENIZ

Située à 16 km de Fethiye, Olü

ment boisée qui ferme la lagune, s'étend une plage. De merveilleuses excursions en bateau vous emmènent visiter des îles désertes et une fascinante ferme piscicole (barbecues faisant l'originalité de cette plage).

Le paysage autour d'Olü Deniz vaut la peine d'être découvert. Dans le parc naturel, au milieu des bois qui descendent vers la plage, une charmante clairière a même été aménagée avec des tables et des sièges.

Hôtels

À part le complexe hôtelier **Meri**, qui est pratiquement propriétaire d'Olü Deniz, la plupart des logements touristiques sont situés à quelques kilomètres à l'intérieur des terres, dans les petits villages d'Ovacik et de Hisaronu, laissant ainsi les plages voisines de la station superbement intactes.

Ovacik est à 5 mn en *dolmus* d'Olü Deniz ; c'est un joli hameau de petites pensions, d'hôtels et de *lokantas*, magnifiquement situés.

Hisaronu, qui n'est également qu'à quelques kilomètres d'Olü Deniz, est aussi au milieu d'un paysage verdoyant de bois et de vergers. On y trouvera l'un des meilleurs hôtels de la région, l'hôtel **Holiday**, qui bénéficie, entre autres équipements, d'une grande piscine avec terrasse et bar.

Si vous recherchez un logement plus original, vous apprécierez le village d'Ocakkoy, moins connu mais plus pittoresque, situé entre Olü Deniz et Fethiye. Une piste sinueuse conduit à ce modeste groupe de maisons de

Deniz — littéralement "mer morte" — possède l'une des plus belles plages de Turquie, magnifique croissant au sable très clair que borde une lagune à l'eau limpide bleu turquoise. Le site a été décrété parc naturel, ce qui a permis d'éviter un développement anarchique des installations touristiques. La lagune ne communiquant avec la mer que par un étroit chenal, elle convient parfaitement pour la baignade et les sports nautiques. La plage principale est une longue bande courbe de sable argenté, bordée de quelques bars et *lokantas* pratiquant des prix fort bas. Sur la face interne de la péninsule densé-

pierre bâties sur les pentes d'une colline, au milieu des pins. Le village, abandonné par les Grecs depuis 60 ans, comprend un choix d'établissements dont les studios, joliment meublés, possèdent des salles de bains modernes. Dans ce village, on trouvera un petit restaurant, un bar en plein air, une piscine, un court de tennis, un atelier de poterie. La vue sur la vallée est magnifique. Le propriétaire du village assure la navette en minibus jusqu'à la plage d'Olü Deniz.

Restaurants

Il y a beaucoup de bars et de restaurants près de la plage d'Olü Deniz, et même deux discothèques. Mais vous pouvez également vous restaurer dans ce nouveau restaurant sophistiqué situé au bord des falaises qui forment la baie d'Olü Deniz. Il y a également un choix raisonnable d'hôtels restaurants, de bars et de petites *lokantas* à Ovacik et à Hisaronu. Quant aux boutiques et aux aménagements touristiques de Fethiye, ils sont tout proches en *dolmus*.

• Accès à la côte égeènne
Par avion
Les stations balnéaires de la côte turque égéenne sont principalement desservies par deux aéroports, Izmir et Dalaman, mais un nouvel aéroport local est prévu à Bodrum, pour une liaison avec Istanbul.
Des lignes régulières ou des charters relient l'aéroport d'Izmir aux principales villes européennes. A l'aéroport, des cars amènent les touristes aux stations balnéaires. Depuis

Izmir, on rejoint facilement Foça, Çesme, et Kusadasi. Ceux qui le désirent peuvent prendre une voiture à l'aéroport ou à leur hôtel de transit. Beaucoup de circuits en autocar partent également d'Izmir.
L'aéroport de Dalaman a accueilli ses premiers charters en 1982, et depuis s'est agrandi pour faire face à l'augmentation du trafic. L'aéroport dispose d'un service de taxis 24 h sur 24, et d'un service de location de voitures.
Distances approximatives jusqu'aux stations les plus proches : Dalyan 30 km ; Fethiye 63 km ; Marmaris 105 km ; Bodrum 213 km.
Les services d'autocars relient Dalaman à Marmaris, entre 7 h et 18 h 15 (75 minutes) ; départs pour Bodrum à 11 h et 13 h 30 (3 heures) ; départ pour Fethiye toutes les heures, et plus souvent en période de pointe (1 heure).

Par bateau
Les navires des Lignes Maritimes Turques appareillent régulièrement d'İstanbul, pour desservir les ports de la côte égéenne. Les embarquements de Marseille et Gênes pour Izmir sont également assez fréquents, et en été des car-ferries partent de Venise et de Brindisi.

Par la route
La traversée de l'Europe en voiture est longue, souvent fastidieuse, et à certains moments assez difficile. Les automobilistes peuvent gagner 800 km en utilisant le port grec du Pirée, d'où un car-ferry les conduira aux ports turcs de la mer Egée.

LA CÔTE MÉDITERRANÉENNE

Encore appelée "Riviera turque", ou côte Turquoise, la région méditerranéenne de la Turquie présente de nombreux attraits, notamment un climat enchanteur, même durant les mois d'hiver, de longues plages, d'excellents hôtels, beaucoup de richesses touristiques, et de bons restaurants à des prix raisonnables.

La côte abonde en témoignages historiques, avec ses ruines de cités antiques et de châteaux de croisés. Les guides touristiques ne manquent pas de rappeler que Marc-Antoine offrit une partie de ce rivage à Cléopâtre en cadeau de mariage ; que cette légende soit vraie ou

Le village de Kalkan, et son port abrité

fausse, on ne peut nier l'attrait exceptionnel de cette côte aux plages de sable blanc qui semblent infinies, déployées devant les sommets enneigés des monts Taurus.

Les côtes, verdoyantes grâce aux forêts de pins, bosquets d'orangers, et plantations de bananiers, sont parsemées çà et là de bouquets sauvages de lauriers-roses, mais aussi d'hôtels et villages de vacances de plus en plus nombreux.

Les principales stations sont : Antalya, magnifiquement située sur le rivage d'une large baie ; Side, située entre deux grandes plages, à proximité des ruines d'une cité antique ; Kemer, plage de sable et de galets de 35 km de long, au milieu des pins et des citronniers ; Mersin ; Antakya (l'ancienne Antioche), jadis l'une des plus

grandes villes du monde ; et les petits ports de pêche, en rapide expansion, de Kas et Kalkan.

◆◆◆
ALANYA
Alanya, station balnéaire aussi vivante que populaire, s'étend sur une délicieuse bande côtière de la Riviera turque. Elle est à l'abri de collines fortement boisées, de couleur pourpre. Deux plages curvilignes flanquent le promontoire, où une péninsule géante s'avance de façon spectaculaire dans la mer.
Appelée dans l'Antiquité Korakesion, elle fut fondée au IVe siècle av. J.-C. et fut, à l'époque romaine, un célèbre bastion pirate. La ville fut par la suite annexée par Alaeddin Keykubat, qui en fit à la fois sa résidence d'hiver et sa base navale.
Alanya (36 000 habitants) est située sur une pointe de terre flanquée de chaque côté d'une très grande plage. C'est une ville à la fois touristique et agricole.

Depuis la ville basse, une route sinueuse contourne le port, avec ses intéressants chantiers navals voûtés, et sa tour Rouge médiévale, et monte jusqu'à la vieille forteresse seldjoukide, qui monte la garde depuis son impressionnant perchoir rocheux. Des ruines, on domine un superbe paysage par-delà la baie, jusqu'aux lointains sommets enneigés des monts Taurus.
Alanya n'est qu'un labyrinthe de boutiques, de bars et de restaurants. Beaucoup de visiteurs se précipitent au marché hebdomadaire, où les étals croulent sous les produits locaux, et où le bétail se mêle à la foule.

Forteresse
La forteresse seldjoukide d'Alanya, aux deux enceintes bien conservées, est garnie de 150 tours, et contient des mosquées, une église byzantine, un bazar couvert, un caravansérail et des citernes. L'enceinte extérieure, longue de 6 km, a été construite en 12 ans, quelque 400 citernes permettent de stoc-

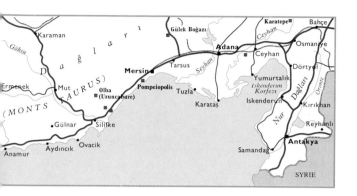

ker assez d'eau pour soutenir n'importe quel siège. Parmi les curiosités à visiter, figurent cette très haute salle, couverte d'un dôme, et les vestiges du *bedesten* (un entrepôt avec dôme), qui avec ses 26 pièces possédait autrefois une grande surface de stockage.

Tour Rouge
La Tour Rouge, ou Kizil Kule, qui renforce les défenses de la muraille inférieure de la forteresse, à la jonction des murs occidentaux et orientaux, servait de tour de guet. Elle a été construite en 1225 sur le modèle des châteaux de croisés. Il a été parfaitement restauré. Les deux premiers étages sont bâtis avec des blocs de pierre rouge, et les deux étages supérieurs sont construits avec d'énormes briques rouges.

Chantier de construction navale
Le chantier naval du XIIIᵉ siècle, dont l'entrée est flanquée sur la gauche d'un corps de garde et sur la droite d'une mos-

quée, était divisé en cinq sections. Ses fondations ont été taillées à même la roche. On y construisait les navires de guerre turcs, avec le bois des monts Taurus.

Grotte de Damlatas
Au pied du promontoire, sur la face est, se trouve la grotte de Damlatas — la "grotte des pierres qui ruissellent" —, qui date d'environ 15 000 ans. Elle possède de magnifiques stalactites et stalagmites colorées, et sa forte humidité est réputée pour le traitement de l'asthme et autres affections respiratoires.

Excursions en bateau
Alanya étant l'un des plus grands ports de Turquie, sa capacité a dû être augmentée pour l'accueil d'un nombre toujours croissant de navires, dont beaucoup assurent en service régulier l'excursion des côtes environnantes, riches en grottes et en petites criques. La grotte Bleue, avec ses rochers phosphorescents, et la grotte des Vierges, où les pirates enfermaient leurs prisonnières, sont les plus intéressantes.

Sports

A Alanya, plusieurs hôtels sont équipés pour le ski nautique et la planche à voile. On trouve dans la station des pédalos et des bateaux à louer, et l'on peut presque partout pratiquer la natation, la plongée, le tennis et le ping-pong.

Hôtels et restaurants

Alanya est riche en hôtels de classe internationale. Il s'en construit toujours. L'un des meilleurs est l'**Alantur**, situé le long d'une plage charmante. Parmi ses nombreux équipements, citons les trois piscines. De nombreux restaurants servent une savoureuse cuisine turque, et les bars, cafés et discothèques abondent dans la station. Pour les danses d'un caractère plus typique, nous vous recommandons les soirées folkloriques organisées par les hôtels, où la participation du public est sollicitée.

Syndicat d'initiative : Carsi Mah, Kalearkasi Cad (tél. (3231)1240). En face du musée, près de la grotte de Damlatas.

• Excursions à partir d'Alanya

A l'est d'Alanya, après le village de Gazipasa, se trouve une bande de littoral qu'on qualifie souvent, à juste titre, de plus belle côte de Turquie. La route, accrochée aux flancs abrupts de la montagne, couverte de pinèdes surplombant la mer, offre des vues spectaculaires sur les falaises, les criques et les eaux bleu turquoise de la Méditerranée.

Juste à la sortie d'Anamur, à 128 km d'Alanya, se trouvent les ruines de l'antique Anemo-rium, avec sa double enceinte de remparts, un théâtre, un odéon et une nécropole. Tout près, entre deux plages arrondies, se trouve un beau château de croisés, bien conservé. Du haut de ses remparts, on jouit d'une vue magnifique sur la côte et l'arrière-pays.

A l'est d'Anamur, une route vallonée mène à la plaine de Silifke. Juste avant Silifke, se trouve la petite station de Tasucu, avec sa plage sablonneuse et son port, que des lignes régulières relient à Chypre. Silifke, à 217 km d'Anamur, est à l'intérieur des terres, au pied d'une forteresse couronnant une colline où se dressait l'acropole de l'ancienne Séleucie. La ville compte plusieurs vestiges : un vieux pont sur le Calycadnos (aujourd'hui Goksu), les restes d'un théâtre romain, d'un temple et d'une nécropole. Un peu plus loin, à Narlikuyu, une mosaïque romaine représente les Trois Grâces. Plus loin encore, se trouvent les précipices de l'Enfer et du Paradis ; le Paradis abrite les ruines d'une chapelle du Ve siècle. Non loin de là se trouve une profonde caverne pleine de stalactites et stalagmites.

♦♦♦

ANTAKYA

Antakya, autrefois Antioche, au milieu d'une plaine fertile entourée de hautes montagnes, était jadis la florissante capitale de la dynastie séleucide, célèbre pour la liberté de ses mœurs. A l'époque romaine, la cité était un grand centre artistique, scientifique et commercial. Elle fut également un foyer du christianisme, où vécurent et prêchèrent saint Barnabé, saint Paul et saint Pierre. Les traces d'une présence humaine à Antioche remontent au IVe millénaire av. J.-C. La ville, fondée par l'un des généraux d'Alexandre, fut ensuite considérablement agrandie par les Séleucides et devint sous les Romains, avec ses 500 000 habitants, ses nombreux théâtres, bains, canaux et marchés, la troisième ville de l'Empire. Elle possédait même un éclairage public.

Musée
Tout ce qui a pu subsister de la splendeur passée est au musée archéologique de Hatay. Outre les pièces provenant des fouilles locales, figure une collection de mosaïques romaines des IIe et IIIe siècles, dont la plupart ornaient les luxueuses villas de la vallée, à 8 km au sud.
La grotte de Saint-Pierre est un peu en dehors de la ville. Saint Pierre y aurait prêché pour la première fois, fondant ainsi la communauté chrétienne.

◆◆◆
ANTALYA
Antalya est une ville évoluée, prospère, aux avenues ombragées de palmiers, aux vieux quartiers pittoresques, et dont le très beau port vient d'être restauré.
La ville, qui surplombe magnifiquement les plages de Konyaalti et de Lara, se découpe devant un spectaculaire arrière-plan montagneux. A l'est s'étend une superbe côte tourmentée, où se jettent en cascades de nombreux ruisseaux,

Cette mosaïque d'une villa romaine d'Antioche est l'un des trésors du musée Hatay sur Gunduz Caddesi

depuis les falaises où commence un paysage de forêts et de lacs, sous l'un des plus beaux climats du monde. La ville, dont les environs abondent en sites antiques, en paysages magnifiques et en belles plages, est très attrayante. Fondée par des colons grecs vers 1000 av. J.-C., elle fut baptisée Attaleia par Attale II, roi de Pergame qui, après avoir échoué dans la prise de Side, y établit une base navale. Connue sous le nom de Satalia pour les croisés qui utilisaient son port pour éviter le territoire seldjoukide, elle fut rebaptisée Antalya au XIIIe siècle.
Parmi ses principales curiosités, qu'on peut visiter à pied ou en cariole à cheval, figurent les remparts et la monumentale porte d'Hadrien aux trois arches de marbre, édifiée en 130 ap. J.-C., pour commémorer la visite de l'empereur dans la

cité. Au bord du très beau parc municipal, où l'on se promène entre les massifs de fleurs exotiques, se trouve le Hidirlik Kulesi, un ancien phare.

Port

Les étroites rues sinueuses de la vieille ville, bordées de jolies maisons de bois, débouchent sur le port, où font régulièrement relâche les bateaux de croisière. Le port, considérablement restauré et réaménagé ces dernières années, est devenu un endroit agréable et vivant, avec restaurants en plein air, bars avec terrasses, boutiques de souvenirs et promenades. Zone préservée depuis 1972, le quartier des maisons de bois, attenantes au port, connaît un regain de vie, beaucoup de ces maisons étant devenues des bars, des restaurants, ou même des hôtels. Celles qui disposent de cours y exposent souvent des tapis d'artisanat local.

Musée archéologique

Installé rue Konyaalti, à l'extrémité ouest de la ville, un musée archéologique abrite une riche collection de céramiques, de mosaïques et de figurines, exhumées dans les environs. De nombreuses pièces sont en plein air, dans un joli jardin d'où l'on peut admirer la baie d'Antalya. Dans la section ethnographique, consacrée à la vie nomade, sont exposées des tentes entièrement meublées, et des photographies de chameaux chargés de l'attirail de campement.

Achats

La ville dispose d'un marché

Restauré, le port fortifié est le centre d'attraction d'Antalya

bigarré et d'un grand choix de boutiques, dont beaucoup proposent des vêtements de bonne qualité à des prix raisonnables.

Plages

Antalya possède deux grandes plages : à l'ouest, l'immense croissant de galets de Konyaalti, et à l'est la longue bande de sable de Lara. Cette dernière, la plus intéressante, est une vraie petite station balnéaire.

Hôtels et restaurants

Antalya compte l'un des meilleurs hôtels de Turquie, le luxueux hôtel **Talya**, situé au sommet de la falaise. On peut y dîner aux chandelles près d'une

piscine en plein air. Recommandons également l'élégant hôtel **Adalya**, en bordure du port récemment restauré.

Syndicat d'initiative : Selçuk Mah, Ahi Yusuf Cami Yani, Mermerli Kaleici (tél. (311)15271/11326).

• **Excursions à partir d'Antalya**
Antalya est un excellent point de départ pour la visite des sites antiques. Au sud-ouest, après le parc national Bey Daglari, on rejoint Phaselis, tandis qu'au nord une route conduit à Termessos. A l'est, on visitera Perge, Aspendos, et Side.

◆◆◆
PERGE
Le site antique de Perge, à 24 km à l'est d'Antalya, est très intéressant pour son théâtre et son stade, très impressionnants. Jusqu'à l'époque d'Alexandre le Grand, Perge était une cité-république indépendante. A l'époque hellénistique, elle devint une grande ville de Pamphilie, puis continua de prospérer sous les Romains, et ne déclina qu'à l'époque byzantine.

Juste après les murs de la ville, se trouve le stade gréco-romain de 25 000 places. L'auditorium est couronné par une galerie à arcades, adossée au flanc d'une colline. Près du stade se trouve l'un des plus grands — et des mieux conservés — théâtres de l'antiquité, dont la capacité est de 15 000 personnes.

On pénètre dans l'enceinte hellénistique par une porte romaine derrière laquelle se trouve un arc de triomphe restauré par les archéologues. Un peu plus loin, une porte plus ancienne du IIIe siècle av. J.-C. est flanquée de deux tours rondes, et possède une cour en forme de fer à cheval. Cette porte ouvre sur une longue colonnade, jadis bordée de boutiques et pavée de mosaïques. En face des ruines de la grande agora, se dresse un immeuble qui abritait les thermes et le gymnase.

◆◆◆
TERMESSOS
Les ruines romantiques de l'antique ville fortifiée de Termessos sont perchées sur un piton rocheux, à 35 km d'Antalya. Termessos fut la plus belle ville de cette région montagneuse, jadis appelée Pisidie. Les ruines sont dans un écrin de fleurs sauvages, d'oliviers et de

pins, l'un des plus beaux sites de Turquie.

La cité fut fondée par un peuple courageux et guerrier, qui résista farouchement à Alexandre le Grand, en l'obligeant à lever le siège et à battre en retraite. Il se vengea en brûlant les oliveraies autour de la ville. Dès la fin du IIIᵉ siècle ap. J.-C., la ville souffrit de son déclin démographique ; elle fut définitivement abandonnée au Vᵉ siècle.

En entrant par la monumentale porte d'Hadrien, on passe devant l'emplacement d'un gymnase encore enfoui (à gauche), puis on découvre un petit théâtre où pouvaient s'asseoir 4 200 personnes, quantité infime à côté des amphithéâtres de Pamphylie. Les murs de l'odéon, atteignant parfois 10 m, sont toujours debout. Ce robuste édifice possédait un toit de tuiles. On distingue des traces de fenêtres sur le mur oriental et le mur occidental.

L'intérieur était probablement plaqué de marbre. Au sud de l'odéon se trouve le temple d'Artémis, édifié à l'époque romaine par l'épouse du sculpteur de la statue du temple. Non loin, se dresse un temple surélevé d'époque romaine, le temple de Zeus, protecteur de Termessos. Des bas-reliefs y décrivent un combat entre dieux et monstres.

◆◆
ASPENDOS

On raconte qu'Aspendos, à seulement 46 km d'Antalya, également appelée Belkis comme le village moderne tout proche, fut fondée par des colons d'Argos. En réalité, le site était déjà habité depuis longtemps. Les visiteurs découvrent d'emblée les hautes murailles extérieures du théâtre adossé au versant oriental d'une petite colline,

Le pont d'Aspendos date de l'époque turque seldjoukide ; la fondation de la ville remonterait à 1180 av. J.-C.

percées de fenêtres. Le haut mur de l'entrée, même dépourvu de sa riche ornementation, reste impressionnant. Ce théâtre, qui accueille aujourd'hui le festival annuel d'Antalya, peut contenir 20 000 personnes. Il date du règne d'Antonin, au IIe siècle ap. J.-C. En dehors de ce magnifique théâtre, sur et en dehors du site, on remarquera les impressionnants aqueducs et le stade. Il reste suffisamment d'aqueducs en divers endroits pour qu'apparaisse l'ingéniosité du réseau d'alimentation. On peut en reconstituer le tracé en suivant la route qui contourne le village pendant 1 km, et à pied depuis le site en empruntant un sentier autour des murs de l'acropole, avant d'arriver au stade, où l'on voit à droite une tombe dans le rocher, et à gauche de petits sarcophages.

Chutes

L'excursion aux chutes de Duden, qui plongent de la falaise dans la mer, est très spectaculaire. Un peu en amont du cours d'eau, on verra les chutes supérieures, tout aussi spectaculaires.
Fin des excursions

KALKAN

Surplombant un joli port, ce pittoresque village de pêcheurs est en train de devenir une station très fréquentée, grâce à son emplacement, ses excellents restaurants et son atmosphère amicale. C'est avant tout un hameau de pêcheurs, tranquille, dont les maisons pittoresques aux balcons de bois

surplombant les ruelles pavées se pressent au bord de la mer. On y trouve quelques magasins, un étal de fruits et légumes exotiques, et quelques boutiques de souvenirs.

Presque tous les matins, des bateaux quittent le port pour les plages et baies voisines. Mais il est possible de se baigner près des jetées, sur une petite zone de galets, devant le port. A 6 km à l'est de Kalkan se trouve Kaputas, une plage de sable blanc aux eaux turquoise.

Hôtels et restaurants

Dans la catégorie des petits hôtels et pensions, citons le **Pasha's Inn** et le **Balikci Han**. Le toit du premier possède une charmante terrasse, d'où l'on domine le port et les îles environnantes. Il y a plusieurs bars et restaurants, simples mais agréables, surplombant le port, et dont les prix sont avantageux.

• Excursions à partir de Kalkan
Parmi les excursions les plus intéressantes, nous conseillons le site de Xanthos. Celui de Patara, à 16 km, offre en plus de ses ruines fascinantes une très belle plage.

KAS

Niché au pied des monts Taurus, sur le rivage d'une baie bleu foncé, ce petit village de pêcheurs a été brusquement découvert par les vacanciers. Encerclant une baie en croissant au bout d'un fjord verdoyant, fermé au nord par une longue péninsule en forme de lézard, et abrité côté mer par la jolie île grecque de Castello-

Les beaux tapis vendus à Kas feront de merveilleux souvenirs ; leur prix est très raisonnable

rizzo, le site est exceptionnel. Kas fut, sous le nom d'Habesos ou Habesas, l'un des plus anciens établissements de la Lycie et s'appela ensuite Antiphellos. Les soubassements des anciennes constructions sont aujourd'hui recouverts par le village moderne. Les tombes rupestres, au nord-est de la ville, datent du IVᵉ siècle av. J.-C. Sur une éminence entre la mer et la colline, qui était probablement l'acropole d'Antiphellos, se trouve une tombe rupestre de style dorique, où une frise représente 24 danseuses. L'acropole était entourée par un mur fortifié, dont on peut voir les traces sur le côté tourné vers l'île de Meis. De l'ancien théâtre — à l'ouest de Kas — dont les 26 rangées de gradins sont tournées vers la mer, l'on jouit d'un remarquable pano-

rama. On ne visite pas Kas pour ses plages — elle en est dépourvue, hormis quelques criques de galets — mais pour la beauté du village et la gentillesse de ses habitants. On peut se baigner dans une eau limpide depuis les plates-formes rocheuses, ou dans les criques. Mais l'on peut prendre un *dolmus* jusqu'à la plage sablonneuse de Kaputas, sur la route littorale de Kalkan ; la grande plage de Patara n'est qu'à 48 km.

Hôtels
L'hôtel **Mimosa**, sur la route qui mène à Kas, est l'un des meilleurs de la région. Nous recommandons aussi le **Derya**, en face du Mimosa, et le **Likya**.
Syndicat d'initiative : Cumhuriyet Meyd 6 (tél. (3226)1238). Sur la place principale, près du port.

• Excursions à partir de Kas
On peut partir en excursion

jusqu'à Demre, associée au premier saint Nicolas, ou aller en bateau à Kekova, où l'on peut voir les ruines immergées de monuments lyciens.

DEMRE

Certains prétendent que le premier saint Nicolas, autre nom du père Noël, ne vient pas de pays enneigés, mais de Turquie. En fait, son lieu de naissance est le village de Patara, mais c'est à Demre, où une petite église porte son nom, qu'il fut évêque. Saint Nicolas fut évêque de Demre, alors appelée Myra, au Ve siècle après J.-C., sous le règne de l'empereur Constantin. La légende affirme que dans sa jeunesse, il utilisa l'argent hérité à la mort de ses parents pour aider autrui, surtout les jeunes. Il aurait également fait des dons anonymes à des jeunes filles que leurs parents trop pauvres ne pouvaient doter. Le culte de saint Nicolas se développa, mais on finit par l'oublier dans son village, et au début de ce siècle la basilique sans toit de Saint-Nicolas servit de mosquée. Depuis la dernière décennie, à cause de l'expansion du tourisme, les autorités turques ont compris l'intérêt de l'édifice, et l'église a été réouverte en 1981 après restauration, comme lieu de pèlerinage. Près de l'église se dresse une statue du Père Noël tel que nous le représentons aujourd'hui, avec sa barbe, sa houppelande et sa hotte de cadeaux.

◆◆

KEKOVA

L'île en forme de lézard de Kekova, qui s'étend au large entre les ruines d'Andriake et d'Aperlae, est superbe. On y voit des sarcophages lyciens, dispersés le long du rivage, ou à demi submergés au fond des criques.

Fin des excursions

KEMER

Le tourisme y a fait son apparition avec la construction de la première marina, et l'irruption des plaisanciers en quête de bars, de restaurants, de magasins et de souvenirs. Aujourd'hui, avec sa nouvelle marina, séduisante et fonctionnelle, les yachts sont de plus en plus nombreux, et la station ressemble un peu à Puerto Banus en Espagne. Des villages de vacances y ont également fleuri. La station dispose de deux plages. La meilleure, mélange de sable et de galets, s'arrondit autour de la baie à partir de la marina. L'autre, celle de la ville, est en galets, et dispose de *lokantas* et de cafés. La meilleure plage du secteur, une plage de sable, est située à l'extérieur de Kemer, près de la pension Gul 2. On peut louer des voitures sur place à Kemer, et les bus et les taxis sont nombreux, ce qui facilite les déplacements. La capitale régionale, Antalya, n'est qu'à une heure de route.

Hôtels

A Kemer, l'essentiel des logements sont des villages de vacances. Le **Club Méditerranée** et le **Club Robinson** sont particulièrement recherchés, ainsi que le complexe **Milta**,

plus récent. L'hôtel **Dragos**, situé au centre du front de mer, est également conseillé. Le nouvel hôtel **Ramada** est remarquable.
Syndicat d'initiative : Belediye Binasi (tél. (3214)1466, 1495). Situé près du port, au rez-de-chaussée de l'hôtel de ville.

• **Excursions à partir de Kemer**

PHASELIS
Phaselis est à 10 minutes en voiture. Dans un beau paysage, près d'une jolie plage, on y voit les ruines magnifiques d'une cité antique, dont les fouilles sont toujours en cours. Le cadre et l'atmosphère de Phaselis sont grandioses. Le marché pavé, le théâtre, l'aqueduc et le temple agrémenteront une promenade inoubliable.
Phaselis qui, grâce à ses trois bassins naturels, fut jadis un grand port, a été fondée au VIIe av. J.-C. par des colons rhodiens, peut-être sur un site plus ancien. Elle a été dominée par les Perses après la conquête de l'Anatolie par Darius, puis par Alexandre le Grand, que les habitants accueillirent sans combat. Après la mort d'Alexandre, la cité fut gouvernée par la dynastie égyptienne des Ptolémées, de 209 à 197 av. J.-C., retourna aux Rhodiens jusqu'en 160 av. J.-C., puis devint membre de la Confédération lycienne, sous contrôle romain. La cité fut prospère tout au long de son histoire, surtout sous les Romains. Comme Olympos, Phaselis vécut sous la menace des pirates au Ier siècle av. J.-C., et fut même un temps contrôlée par le pirate Zenike-

tes, qui fut battu par les Romains. A l'époque byzantine, la ville devint un évêché. La vulnérabilité de son port aux raids des pirates amorça son déclin au IIIe siècle ap. J.-C., déclin qui fut aggravé par les incursions arabes successives. Lorsqu'au XIe siècle les Seldjoukides s'emparèrent de la région, le port de Phaselis n'était plus rien.
Dans le port militaire, l'on peut encore voir les restes d'un quai qui commençait aux fortifications et longeait le promontoire. Les ruines de Phaselis, dispersées au milieu des arbres qui bordent la plage, sont aussi pittoresques qu'intéressantes.

OLYMPOS
Situées entre Kemer et le village d'Adras, au fond d'une gorge rocheuse de la côte lycienne, envahies par la végétation, sont nichées les ruines de cette antique grande cité portuaire. Ici, les palmiers voisinent avec les pins, les citronniers et les cultures maraîchères, qui produisent toute l'année. Avec la douceur de son climat, ses défenses naturelles, et sa position stratégique à mi-chemin entre Rhodes et Chypre, on comprend pourquoi cette vallée a été aménagée, mais l'on comprend moins son abandon.
Olympos connut une brève existence pendant la période hellénistique, où elle était l'un des membres en vue de la Confédération lycienne. On y battit monnaie au IIe siècle av. J.-C., et en 78 av. J.-C. le port devint la base du pirate Zeniketes. Ce dernier fut vaincu au cours

d'une bataille navale pour le gouverneur romain de Lycie, Publius Servilius Vatia, et dut se réfugier dans sa forteresse, proche d'Olympos. Il y périt carbonisé, après avoir accidentellement mis le feu à sa demeure avec une torche.

Sous la domination romaine, Olympos devint extrêmement prospère, car ses bassins convenaient à merveille au commerce naval. En 129 ap. J.-C., après la visite de la cité par Hadrien, elle fut rebaptisée Hadrianopolis. Opramas, riche citoyen de la Ligue lycienne, finança la construction de nombreux élégants bâtiments au IIᵉ siècle ap. J.-C. A la fin de ce siècle, Olympos tomba à nouveau aux mains des pirates, ce qui évidemment l'appauvrit. Elle fut un temps utilisée par les pirates vénitiens et génois, et c'est à cette époque que les Génois fortifièrent le port. Après la défaite des pirates par la flotte ottomane, la cité fut définitivement abandonnée. Petit, le site n'en est pas moins fascinant, car les ruines de la ville sont disposées le long du cours d'eau qui remonte jusqu'au milieu de la gorge. Sur la rive sud, la ville antique s'accroche aux parois surplombant la mer, et se prolonge sur deux kilomètres à l'intérieur des terres. Sur ce terrain plat, au milieu des feuilles mortes, le long du ruisseau, on découvre des colonnes de marbre et un petit théâtre romain, des murs anonymes et intacts, et des dallages défoncés, couverts de mousse. Des tombes romaines et byzantines tapissent l'abrupte nécropole, sur le flanc sud du ravin.

On peut voir ce beau portail de temple, vraisemblablement du IIᵉ siècle av. J.-C., au milieu de la végétation touffue d'Olympos

Au nord du cours d'eau, le portail de pierre lisse d'un temple qui abritait une statue de Marc Aurèle sépare la forêt enchevêtrée.

Après ce portail, une piste conduit à des thermes romains couverts, dont le sol en mosaïque est décoré de gros motifs géométriques. Il n'y a, à cette heure, à proximité, que quelques fermes dispersées, et une pension à 1,5 km sur la plage. La zone, qui fait partie de la forêt nationale d'Olympos, est protégée.

Deux petites routes sinueuses descendent au site depuis la route littorale. La plus intéressante vient de Kumluca, *via* Cavuskoy. Mais l'arrivée la plus spectaculaire, se fait de l'ouest par la mer. A quelques centaines de mètres, un mur montagneux bouche la vue vers l'ouest, et l'on peut voir sur la droite une plage de 3 kilomètres, devant l'impressionnant mont Olympos. Mais les ruines de la cité d'Olympos restent dissimulées aux regards. Ce n'est qu'après avoir dépassé un petit cap que l'on pourra apercevoir à l'ouest une gorge s'ouvrant entre les montagnes. Sur les deux versants, on distingue alors quelques murs et quelques tours émergeant de la végétation.

A sa grande époque, le port devait fourmiller de navires, les rues grouillaient de monde, et les versants abonder en majestueux bâtiments.

Fin des excursions

MERSIN

Avec ses avenues ombragées, bordées de palmiers, son parc et ses hôtels modernes, avec sa ceinture de jardins maraîchers, Mersin est la base idéale pour partir à la découverte des sites historiques et des nombreuses plages et criques du voisinage. Plus grand port de la Méditerranée turque, relié par car-ferries à Chypre, Mersin est une ville en pleine croissance, dont l'attrayant front de mer est bordé de jardins et d'arbres. La vieille ville abonde en magasins et en restaurants aux prix raisonnables.

Syndicat d'initiative : Inonu Bulv. Liman Giris Unitesi (tél. (741)11265, 12710).

• Excursion à partir de Mersin

TARSUS

Tarsus, à environ une heure de route de Mersin, est le lieu de naissance de l'apôtre saint Paul. C'est là également que Cléopâtre a rencontré Marc-Antoine pour la première fois.

Fin de l'excursion

SIDE

Ancien village de pêcheurs à environ 80 km d'Antalya, au milieu d'une plaine fertile et verdoyante, Side est en train de devenir l'une des premières stations balnéaires de Turquie. Les hôtels et les villages de vacances continuent d'y fleurir.

Son succès repose essentiellement sur la beauté de ses plages, ses fascinantes ruines classiques et son atmosphère sympathique et décontractée. L'artère principale, très colorée, pleine de boutiques d'artisanat, de bars et de restaurants, suit le tracé d'une rue romaine à arcades. Tout au fond se trouvent l'amphithéâtre et les vieux bains romains, bien conservés, qui à présent abritent l'impressionnant musée de Side.

La date exacte de la fondation de Side est incertaine, mais on pense que le premier établissement remonte au VIIe siècle av. J.-C., avec l'installation d'une colonie de la cité éolienne de Cyme. La ville ne devint prospère qu'au IIe siècle av. J.-C., grâce au commerce des esclaves, car c'est par son port que se faisait l'essentiel du transit des esclaves pris par les pirates.

On dit que Cléopâtre s'est baignée à Side, après une rencontre avec Marc-Antoine

Ces derniers furent finalement battus en 67 av. J.-C., ce qui mit un terme à la prospérité de Side.
Elle connut une seconde période de prospérité au IIe siècle ap. J.-C., où l'essentiel de ses revenus servirent à décorer la ville de magnifiques bâtiments. C'est leurs ruines que l'on peut aujourd'hui admirer. L'importance de Side décrut avec la décadence de Rome, et s'il y eut une renaissance à l'époque byzantine, les invasions arabes l'affaiblirent dès le VIIe siècle. Incendiée au Xe siècle, elle est restée déserte pendant 1 000 ans.

Agora romaine
Au milieu des ruines, figurent celles de l'immense agora romaine, construite au IIe siècle av. J.-C., et qui comprend l'habituelle cour à portiques, bordée de boutiques voûtées. On pense que les ruines de structure ronde, au centre de l'agora, sont celles du temple de Tyché, la déesse de la fortune.

Bains romains
Situés juste en face de l'agora, les bains romains ont été magnifiquement restaurés.
Ils abritent aujourd'hui un merveilleux musée où sont exposées certaines des plus belles statues d'Asie Mineure, découvertes sur le site ces dernières années.

Théâtre
Le théâtre romain, le plus impressionnant monument de Side, est à côté de l'agora. Construit au IIe siècle av. J.-C., il est identique à celui d'Aspendos. Plus tard, les Romains utilisèrent l'orchestre pour les combats de gladiateurs, et, au Ve siècle, deux sanctuaires

chrétiens en plein air y furent édifiés (l'assistance s'asseyant dans l'auditorium). On découvre un très beau panorama sur la cité antique et ses environs du dernier gradin du théâtre.

Muraille intérieure
Le théâtre faisait partie des murs intérieurs de la cité, construits au IVe siècle av. J.-C. Le portail principal de cette muraille conduit aux ruines d'un temple romain tardif dédié à Dionysos. De là, la route file vers le bout de la péninsule, en suivant le tracé de l'ancienne rue à arcades.

Port
Sur le côté sud de l'ancien port, maintenant complètement ensablé, se trouvent les ruines de deux temples contigus, l'un dédié à Athéna et l'autre à Apollon. Derrière, se dresse une basilique byzantine, et tout près, un temple dédié à Man, dieu anatolien de la Lune.

Sports
Side propose de bons équipements sportifs, pour la voile et la planche à voile, le ski nautique, la natation et la plongée. De nombreux hôtels sont également équipés en courts de tennis et en tables de ping-pong.

Hôtels
L'hôtel **Defne**, à l'extrémité de la plage, est très bien équipé, tout comme le **Turtel**.
Syndicat d'initiative : Side Yolu Uzeri (tél. (3213) 0303/265). Au carrefour à l'entrée de Side.

• Excursions à partir de Side
Les ruines historiques de Side, qui comptent parmi les plus belles de la région, donnent un fascinant aperçu du passé historique de la Turquie. Mais il y a d'autres sites intéressants dans le voisinage, notamment à Perge, Aspendos et Termessos. Si vous souhaitez vous détendre, vous pouvez faire une croisière d'un jour sur la rivière Manavgat jusqu'aux chutes et admirer les martins-pêcheurs et les tortues d'eau douce, ou encore visiter Antalya ou Alanya.

• Accès vers la côte méditerranéenne

Par avion
Des lignes régulières et des charters desservent Antalya depuis de nombreux aéroports internationaux, même si ces vols sont moins fréquents l'hiver. Il est également possible d'atterrir à Istanbul ou à Ankara, et de prendre une correspondance pour Antalya. Des autocars et des taxis font la navette entre l'aéroport et le centre de la ville.
Voici un aperçu des distances par route entre Antalya et les principales stations balnéaires de la côte méditerranéenne turque : Kemer, 35 km ; Side, 70 km ; Antalya, 135 km. Certaines stations sont plus proches de l'aéroport de Dalaman, comme Kas qui n'est qu'à 156 km de Dalaman, pour 198 depuis Antalya.

Par mer
Les Lignes Maritimes Turques assurent un service régulier depuis Istanbul et Izmir, avec escales à Fethiye, Kas, Finike, Antalya, Alanya et Mersin.

LA TURQUIE CENTRALE

La Turquie centrale recèle l'une des plus grandes merveilles naturelles du pays : l'étonnante région de l'antique Cappadoce, avec ses fabuleux cônes rocheux, ses canyons, ses églises perchées sur des pics et ses cités souterraines. La Cappadoce est abondamment exploitée par les compagnies de voyages organisés, qui proposent des tours complets de la région, l'incluent dans leurs visites de la Turquie en autocar, ou encore proposent des éxcursions à partir des principales stations balnéaires égéennes ou méditerranéennes. La formule avion + voiture a de plus en plus de succès.

Les villes principales de ce pays, dont le nom officiel est l'Anatolie centrale, sont Ankara, capitale politique de la Turquie, et Konya, l'un des sites où la présence humaine est la plus ancienne, patrie de la secte internationalement connue des Derviches Tourneurs. Profondément raviné, semé de sommets volcaniques, le plateau d'Anatolie centrale — l'un des berceaux de la civilisation — est sillonné par des vallées plantées de peupliers, où s'étendent les champs de blé. Au cours de son histoire agitée, le pays a subi de nombreuses invasions, dont celles d'Alexandre le Grand et de Tamerlan, et l'on sent partout diverses influences laissées par

Le remarquable paysage lunaire de la vallée de Görème, en Cappadoce, est d'origine volcanique

les occupants successifs, des fresques chrétiennes des églises rupestres de la vallée de Görème, aux architectures seldjoukides de Konya.

♦♦♦
ANKARA
Sur une colline surplombant la capitale turque, se dresse un imposant monument dédié à l'homme sans qui cette terre de grands contrastes aurait été réduite à une misérable bande de steppe : le général Mustafa Kemal. C'est lui qui releva un peuple pourtant épuisé après la défaite ottomane de la Première Guerre mondiale, qui repoussa à la mer les armées étrangères, et rendit aux Turcs leur patrie. Surnommé Atatürk (le "père des Turcs"), Mustafa Kemal fonda, en 1923, la République turque dont il devint le premier président. Soucieux de se démarquer, et de démarquer sa république du souvenir ottoman, il décida d'ôter le titre de capitale à Istanbul, et d'en créer une toute nouvelle dans la plaine anatolienne, dans ce qui n'était alors qu'une petite ville de 75 000 habitants, Ankara, qui a aujourd'hui 3 millions d'habitants et continue de se développer.
Malgré l'aspect résolument moderne de la ville, une présence humaine y est attestée dès 1500 av. J.-C. La ville doit son essor et sa prospérité à sa position centrale sur le vaste plateau anatolien, qui en fit une étape de choix sur les principales routes commerciales. Au VIIIᵉ siècle av. J.-C., les Phrygiens établirent sur le site la ville d'Ancyra, dont cinq siècles plus tard les Galatiens firent leur capitale.

L'Ankara moderne ayant conservé peu de vestiges historiques, sa visite est beaucoup moins intéressante que celle d'Istanbul. Pourtant, les traces de son passé apparaissent çà et là entre les immeubles modernes : une ancienne citadelle, des bains romains, et des mosquées ottomanes. L'une des bonnes surprises que réserve Ankara au visiteur est son aspect verdoyant. Atatürk aimait les arbres, et il en fit planter partout. Contrastant avec l'aspect désertique de la région, la ville est entourée d'une véritable ceinture verte. Il fit construire à la périphérie une ferme modèle où les habitants d'Ankara et les visiteurs vont aujourd'hui se détendre et s'aérer.

Citadelle
La citadelle d'Ankara occupe le sommet d'un piton rocheux. La partie intérieure a été construite au VIIᵉ siècle, lorsque les incursions arabes étaient particulièrement fréquentes en Asie Mineure. Au IXᵉ siècle, Mihail II fit construire une seconde enceinte autour de la première, en forme de cœur, pour renforcer les défenses.
Au cours de sa longue histoire, la forteresse a été maintes fois prise et endommagée, mais 15 tours sont restées debout. Bien que la forme actuelle de ses murailles date des époques byzantine et seldjoukide, les matériaux de construction, tel le marbre, sont d'origine romaine. À l'intérieur du château, dans un véritable dédale de ruelles

Ankara incarne la Turquie moderne, mais çà et là subsistent des dédales de ruelles pavées

bordées de maisons en bois des XVIIᵉ et XVIIIᵉ siècles, la vie suit son cours immuable depuis des siècles.

Temple d'Auguste
Construit au IIᵉ siècle av. J.-C., il fut d'abord dédié à Cybèle, déesse-mère des Anatoliens, puis au dieu phrygien de la Lune, et enfin à l'empereur Auguste. Au IVᵉ siècle ap. J.-C., après de nombreuses altérations, il fut transformé en église byzantine.

Bains romains
Situés à l'ouest du temple d'Auguste, ces bains du IIIᵉ siècle furent construits par l'empereur Caracalla, et dédiés à Asclépios, dieu grec de la santé.

Un incendie les détruisit au Xᵉ siècle, mais ils restent un beau spécimen de l'architecture romaine, avec ses dimensions imposantes, son corridor orné de colonnes, et son impressionnante allée menant au gymnase.

Musée des Civilisations anatoliennes
Logé dans deux bâtiments du XVᵉ siècle judicieusement réunis, ce musée est l'un des plus saisissants de Turquie : c'est un trésor de trouvailles archéologiques, qui comprend la plus grande et la plus belle collection d'artisanat hittite au monde.

Parmi les objets les plus intéressants, de belles poteries, des joyaux en or finement ciselés, et des statuettes miniature.

Mausolée d'Atatürk

Commencé en 1944 et achevé en 1953, de style classique, ce mausolée dédié à l'homme qui contribua le plus à lancer la Turquie dans le XXᵉ siècle, mesure 21 m de haut. Son porche comporte un escalier monumental de 33 marches décoré de bas-reliefs. La tour de la Liberté s'élève à droite de cet escalier, et la tour de l'Indépendance à gauche.

Devant l'escalier s'étend une vaste esplanade pavée, ornée de galeries et de musées, dont les tours symbolisent la République, la Révolution, la Victoire et la Paix. Une magnifique avenue de procession, plantée de cyprès et jalonnée par 12 lions hittites, débute au bout de l'esplanade.

Une inscription géante figure sur la façade du mausolée proprement dit. C'est un extrait du Testament à la jeunesse, discours prononcé par Atatürk. Le plan du mausolée est celui d'un temple, entouré de portiques aux piliers de calcaire quadrangulaires. Les murs de la chambre funéraire principale sont plaqués de marbre blanc veiné de rouge, et le plafond est somptueusement décoré de mosaïques aux motifs typiquement turcs. Les portes de bronze ont été fabriquées en Italie, et la tombe elle-même est un bloc de marbre de 40 tonnes.

Colonne de Julien

La colonne de Julien, haute de 17 m, a vraisemblablement été érigée vers la fin du IVᵉ siècle, pour commémorer la visite de l'empereur Julien. Elle est composée de pierres cannelées, et son chapiteau est orné de feuilles d'acanthe.

Mosquée Haci Bayram

Construite pendant la première moitié du XVᵉ siècle, cette mosquée a été décorée par le célèbre artiste Mustafa vers la fin du XVIIᵉ siècle, et ornée de tuiles de Kütahya au début du XVIIIᵉ siècle. La tombe d'Haci Bayram Veli, qui a donné son nom à la mosquée, lui est contiguë.

Hôtels et restaurants

La ville offre un grand choix d'hôtels, à tous les prix. Parmi les établissements haut de gamme, recommandons le **Buyuk Ankara**, 5 étoiles sur Atatürk Bulvari et le **Etap Altinel**, sur Gazi Mustafa Kemal Bulvari.

Parmi les nombreux restaurants de qualité, nous conseillons tout particulièrement le **Liman**, spécialisé dans les poissons, et le coûteux **R.V.**, dans le quartier des ambassades.

Syndicat d'initiative : G.M.K. Bulv. 33 (tél (4) 2301911, 2301915, 3217380). Bureau central : Istanbul Cad. 4 Ulus (tél. 3112247, 3123525, 3104960).

◆◆◆

LA CAPPADOCE

L'histoire de la Cappadoce commence il y a environ un million d'années, avec les éruptions répétées des volcans Erciyes et Hasadag, qui couvrirent le plateau anatolien d'une épaisse couche de lave et de cendres. Lorsque la violence des séismes eut diminué, la pluie, la neige, le vent et les écarts de température entrèrent en scène pour éroder et sculp-

*En Cappadoce, la vie continue
comme avant*

ter la roche volcanique, et en faire le paysage surréaliste que nous voyons aujourd'hui. Le dur basalte des couches inférieures a mieux résisté à l'érosion que les autres roches volcaniques, plus meubles. Les pitons rocheux du vallon cappadocien de Zelve, couramment appelés cheminées de fées, sont remarquables pour leurs variations de couleurs. Ce sont de véritables caméléons de pierre alternativement gris cendré, orange rouille et rouge brique, selon l'heure de la journée. Il ne faut manquer sous aucun prétexte la vue de la vallée au couchant : avec les dernières lueurs du jour, on assiste à un festival de combinaisons colorées, où se succèdent le bleu marine, le lilas, le vert, le rose pâle et l'or,

qui céderont bientôt la place aux ombres mystérieuses du clair de lune argenté.

La Cappadoce abonde en mythes et légendes de géants, de fées et de génies, nées en ce temps où les hommes ne pouvaient expliquer ces étranges phénomènes naturels. Il est vrai qu'il suffit d'un peu d'imagination pour voir dans ces pierres tourmentées la forme de derviches, de géants et autres personnages pétrifiés, gardiens d'une merveille naturelle.

Historique

A partir du IIIe millénaire av. J.-C., de petites cités s'établissent dans la région, puis au cours des périodes protohattienne, hattienne puis hittite, la région acquiert une importance stratégique, à cause de sa position sur la route commerciale de Perse. Avec la chute de l'empire hittite au XIIe siècle av. J.-C., commence une période ténébreuse pour l'Anatolie, encore très méconnue. Cette période se termine avec l'arrivée des Lydiens au VIe siècle av. J.-C. En 334 av. J.-C., l'Anatolie est conquise par Alexandre le Grand, et jusqu'à l'an 27 ap. J.-C., date où elle devient province de l'Empire romain, une paix relative y régnera, sous la férule de dynasties successives. Ni les Romains, ni les Byzantins ne firent d'efforts pour assimiler les populations d'Anatolie à leur propre culture. Ils ne s'y intéressèrent que pour sa position commerciale stratégique, ou pour y recruter des troupes. A travers l'Anatolie, transitaient, de l'Orient, les caravanes de coton, de citrons, de figues, de melons, de sésame, de canards et autres denrées. Tandis que les Romains fondaient des villes au long de cette route commerciale, les populations locales restaient cantonnées dans les vallées rocheuses de Cappadoce, où leurs demeures étaient généralement creusées dans la roche tendre.

Au cours des âges, la Cappadoce ne s'est pas contentée du rôle de terre de passage. Elle a également été une terre de rencontres et d'échanges entre les différentes philosophies, cultures et religions. En traversant la Cappadoce au Iᵉʳ siècle, saint Paul remarqua que la population adorait des dieux aussi divers que Zeus, Mithra, Attis et Dionysos, et il fallut à la nouvelle doctrine chrétienne des trésors de persuasion pour supplanter ces différents cultes païens. C'est là pourtant que les premiers chrétiens, fuyant les persécutions romaines, puis arabes, trouvèrent refuge, bâtirent des églises, des monastères et des cités troglodytiques.

Les pittoresques et minuscules églises creusées dans les falaises furent peintes ou ornées de fresques, où reviennent fréquemment les figures d'Anastase, Grégoire, Jean Chrisostome et Basile de Césarée. Basile se distingua particulièrement grâce à sa vaste culture, sa tolérance, et l'éloquence de son enseignement. Ses contemporains le surnommèrent le "Pilier de la Vérité", ou encore l'"Interprète des Cieux". Lorsque les Turcs seldjoukides entrèrent en Cappadoce, dans la seconde moitié du XIᵉ siècle, on y comptait plus d'un millier

Villlage d'Ürgüp, aux énormes blocs de roche volcanique

de sectes. Il s'instaura entre chrétiens de Cappadoce et Seldjoukides des relations si amicales, que, sur les murs des églises, les sultants voisinent fréquemment avec les saints orthodoxes. Comme leurs prédécesseurs romains et byzantins, les conquérants seldjoukides avaient surtout des motivations économiques, aussi installèrent-ils sur la route commerciale baptisée route du Sultan, qui passait par Konya, Kayseri et Sivas, nombre de caravansérails et mosquées, dont la plupart sont encore debout.

Au milieu du XIIIᵉ siècle, les invasions mongoles ébranlèrent l'empire seldjoukide, et l'Anatolie fut morcelée en une multi-

seldjoukide, des tours de guet, de hauts murs fortifiés, une mosquée dans la cour, une cuisine, des chambres, des ateliers, des bains et des écuries.

Telle une oasis, Aksaray émerge de la longue plaine monotone, avec ses peupliers, ses pins, ses saules et ses vergers. De tout temps étape importante sur la route commerciale, Aksaray fut fondée par les Hittites, mais ses vestiges historiques ne remontent qu'à l'époque seldjoukide.

Ihlara

12 km d'Aksaray, une route secondaire s'enfonce sur la droite dans une région de villages cappadociens typiques qui semblent complètement coupés du monde extérieur. Cette route mène à la vallée d'Ihlara. Au fond de cette vallée encaissée longue de 10 km coule le Melendiz, bordé de cyprès, de peupliers et de pistachiers, dont les eaux proviennent de la fonte des neiges du Hasandagi. On accède à la vallée par un sentier sinueux comportant au total 435 marches, pour découvrir une centaine d'églises rupestres, et d'innombrables habitations troglodytiques.

Villes souterraines

Au sud de Nevsehir, la route de Nigde conduit à deux des cités souterraines de la région : Kaymakli et Derinkuyu. Bien qu'utilisées ultérieurement par les chrétiens fuyant les persécutions, leur construction est plus ancienne. Ce sont de véritables labyrinthes de galeries et de pièces souterraines, superposées sur plusieurs étages. Les

tude de principautés, dont la plus puissante, celle de Karamanoglu, régna en maître jusqu'à ce que l'empire ottoman prenne au XIVe siècle le contrôle de toute la région. Conformément au traité d'échange de populations gréco-turc de 1920, l'essentiel de la communauté grecque orthodoxe de Cappadoce a émigré en Grèce.

• Que voir en Cappadoce

Aksaray

En voyageant vers l'est à travers la grande plaine de Konya, on atteint 48 km avant Aksaray le très beau Sultan Khan (caravansérail). Construit en 1229 sous le règne du sultan seldjoukide Keykubat Ier, ce magnifique bâtiment comporte un superbe portail de pierre sculptée, très caractéristique de l'architecture

niveaux supérieurs abritaient les églises et les habitations, et les étages inférieurs les réserves. Ces labyrinthes étaient si bien conçus, que même si l'on trouvait l'entrée principale, il était impossible d'accéder aux abris. Mieux, les entrées pouvaient être bouchées en un clin d'œil par de lourdes pierres. Ces villes souterraines, qui malgré leur profondeur (jusqu'à 40 m) disposaient d'un système d'aération et de ventilation perfectionné, communiquaient entre elles par des tunnels.

Vallée de Göreme
Située à 18 km au nord-ouest d'Ürgüp, la vallée de Göreme

Habitation troglodytique à Göreme, avec sa fragile échelle extérieure reliant les différents niveaux

est riche en églises rupestres décorées de belles fresques. La plupart des chapelles datent des Xe et XIe siècles, c'est-à-dire de la période byzantine. Parmi les plus visitées, figurent la Elmali Kilise («église à la pomme»), la plus petite et la plus récente du groupe ; la Karankik Kilise («église sombre») avec ses belles peintures, sa table et ses bancs sculptés dans la roche ; la Çarikli Kilise («église aux sandales»), ainsi nommée à cause des deux empreintes de pas sous la fresque de l'Ascension ; et la Yilanli Kilise («église aux serpents») aux fresques fascinantes où des serpents s'enroulent autour des damnés. Non loin du groupe principal de Göreme, sur la route d'Avcilar, se trouve la Tokali Kilise («église à la boucle») décorée de très belles scènes du Nouveau Testament (Xe siècle). Autour de la vallée, l'on trouve d'autres églises aussi intéressantes, mais moins accessibles, et sur la route du nord se trouvent le village troglodytique d'Avcilar, aux maisons s'accrochant à des cônes rocheux, Çavusin, avec ses églises sur une paroi rocheuse, l'ensemble monastique de Zelve et enfin Avanos, village célèbre pour sa poterie et ses onyx.

Ürgüp
Situé à 10 km de Göreme, au flanc d'une énorme falaise de roche volcanique, Ürgüp est le plus ancien établissement humain de la région.

Hôtels
La plupart des hôtels de la Cappadoce sont regroupés à Nevse-

Intérieur de la mosquée d'Alaeddin
à Konya, construite en 1221 ;
les colonnes qui supportent le
plafond proviennent d'un site
antique gréco-romain

hir et Ürgüp. Dans la première, nous conseillons l'hôtel **Orsan Kapadokya**, et dans la seconde le **Turban Holyday Village** et l'hôtel **Buyuk**.
Syndicat d'initiative : Kayseri Cad. 37, Ürgüp, (tél (4888) 1059).

◆◆
KONYA
La ville de Konya, au cœur du plateau anatolien, 260 km au sud d'Ankara, attire un nombre toujours croissant de visiteurs de tous pays pour deux raisons essentielles : sa belle architecture seldjoukide, et le mausolée du poète, érudit, mystique et philosophe Mevlana Celaleddin Rumi (1207-1273), fondateur de la secte mondialement connue des Derviches Tourneurs.
Selon les légendes phrygiennes, Konya fut la première cité à émerger après le déluge. Il y eut une présence humaine préhistorique, puis hittite, mais la première agglomération importante fut fondée par les Phrygiens, ensuite relayés par les Lydiens, les Perses, et les rois séleucides de Pergame.
La plaine de Konya connut une renaissance culturelle au XIIᵉ siècle, lorsque les Turcs seldjoukides en firent leur capitale. Emigrant des steppes de l'Asie centrale, les Seldjoukides infligèrent aux Byzantins une défaite écrasante en 1071 à Malazgirt, qui marqua le début de la colonisation turque en Anatolie. A Konya, au XIIIᵉ siècle, sous le gouvernement éclairé du sultan Alaeddin Keykubat, la culture seldjoukide atteignit son zénith. C'est dans ce contexte que naquit l'un des plus grands mouvements mystiques de l'islam.
La doctrine de Mevlana visait à la recherche du Bien dans toutes ses manifestations, dans un esprit d'extrême tolérance. Il

condamna l'esclavage, défendit la monogamie, et reconnut que l'homme doit gagner son pain à la sueur de son front. Pour symboliser le dédain des valeurs matérielles, il conçut une danse tournoyante, rythmée par l'aérienne flûte à anche. On peut encore assister à ces danses au cours du mois de décembre, pendant le festival annuel de Mevlana.

Mausolée de Mevlana

C'est le plus célèbre monument de Konya, dans le vieux monastère où fut fondé l'ordre des Derviches. Coiffé d'un dôme cônique bleu turquoise, l'ensemble abrite maintenant un remarquable musée d'art islamique, et le sarcophage de Rumi. On y remarquera le plus vieux manuscrit du grand poème épique de Mevlana, le *Mesnevi,* et quelques manuscrits enluminés, ainsi que d'anciens instruments de musique, des costumes de derviches, des soieries, de précieux tapis de prière, et une quantité de reliques religieuses richement ouvragées.

Mosquée d'Alaeddin

Achevée sous le règne d'Alaeddin Keykubat, cette mosquée est de style syrien, rare en Anatolie, avec un toit de bois au lieu d'un dôme, et de simples arches de brique, sans ornements, supportées par 42 colonnes. La chaire et l'autel sont des chefs-d'œuvre de sculpture sur bois.

Karatay Medresesi

Aujourd'hui musée d'Art Céramique, où sont exposées de rares pièces seldjoukides, ce bâtiment, édifié au XIIIe siècle, abritait une école théologique. L'intérieur est orné de magnifiques carreaux de faïence bleue.

Hôtels

Parmi les nombreux hôtels et pensions de Konya, citons les excellents hôtels **Ozkaymak Park** et **Selçuk.**
Syndicat d'initiative : Mevlana Cad. 21 (tél. (331) 11074). Près du mausolée de Mevlana.

• Accès en Turquie centrale

Par avion

L'aéroport d'Ankara est bien desservi par des vols réguliers depuis les principaux aéroports internationaux. De surcroît, il existe de nombreuses liaisons avec les autres aéroports turcs. l'aéroport de Konya est réservé aux lignes intérieures.

Par la route

Ankara est également bien desservi par les lignes d'autocars. Par la route, Istanbul est à 438 km, Izmir à 595 km, Konya à 262 km, la Cappadoce à 280 km. La route à trois voies qui part d'Istanbul, la E5, est l'une des plus encombrées de Turquie. Ralentissements fréquents.

En train

Istanbul et Ankara sont reliées par de nombreux trains express, jour et nuit. Il existe également un service express régulier entre Ankara et Kaeyseri. Des trains-autos relient Istanbul à Konya. Le Train Bleu Istanbul-Ankara (Mavi Tren) met environ 7 heures 1/2.
Le trajet express entre Izmir et Ankara dure environ 11 heures.

ISTANBUL

Istanbul est l'une des villes les plus fascinantes du monde. Un mélange de passé et de modernité, d'Orient et d'Occident, une situation stratégique au point de rencontre de l'Europe et de l'Asie, en font un lieu inoubliable. Ancienne capitale de trois grands empires, elle est pleine de contrastes : sirènes de navires répondant à l'appel éternel des muezzins invitant les fidèles à la prière, éclat des croissants d'or au soleil sur les dômes des mosquées, et fascination des mosaïques byzantines. Ville historique, Istanbul est aujourd'hui encore une grande ville, très vivante. Au pied des dômes et des minarets anciens se presse une foule animée ; une circulation intense et bruyante encombre les vieilles rues pavées ; la rumeur des incessantes allées et venues des ferries se mêle aux cris des marchands ambulants, au remue-ménage du port marchand...

La vieille ville, installée sur un promontoire triangulaire entre la Corne d'Or et la mer de Marmara, est défendue côté terre par ses massives murailles byzantines, que l'on déploie beaucoup d'efforts à restaurer sur l'initiative de l'entreprenant maire de la ville. Ici, l'empereur Justinien fit édifier la plus grande église de la chrétienté, Sainte-Sophie, réservée aujourd'hui à la visite.

En face de Sainte-Sophie se trouve l'élégante mosquée du sultan Ahmet Ier, plus connue sous le nom de mosquée Bleue

Du sommet du palais de Topkapi, à Istanbul, la vue sur le Bosphore est magnifique

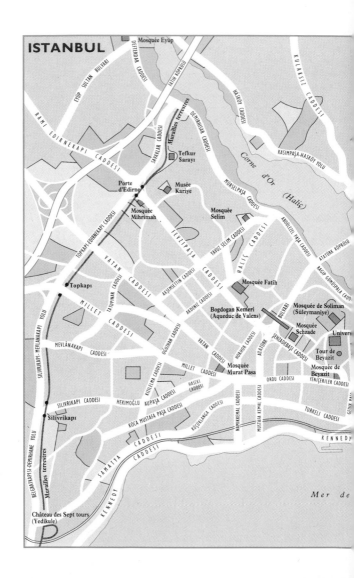

ISTANBUL

Mosquée Eyüp

DEFTERDAR CADDESI

EYÜP SULTAN BULVARI

FATIH KÖPRÜSÜ

HASKÖY CADDESI

KULAKSIZ CADDESI

RAMI EDIRNEKAPI CADDESI

SAVAÇAR CADDESI

Murailles terrestres

DEMIRHISAR CADDESI

Tefkur Sarayı

KASIMPAŞA-HASKÖY YOLU

Corne d'Or (Haliç)

Porte d'Edirne

Musée Kariye

MÜRSELPAŞA CADDESI

TOPKAPI-EDIRNEKAPI CADDESI

Mosquée Mihrimah

Mosquée Selim

ABDÜLEZEL PAŞA CADDESI

ATATÜRK KÖPRÜSÜ

FEVZIPAŞA CADDESI

YAVUZ SELIM CADDESI

HALIÇ CADDESI

RAGIP GÜMÜŞPALA CAD

VATAN CADDESI

ASSEMETTIN CADDESI

CADDESI

•Topkapı

TATUPMAN CADDESI

Mosquée Fatih

MILLET CADDESI

AKDENIZ CADDESI

Bogdogan Kemeri (Aqueduc de Valens)

BULVARI

Mosquée de Soliman (Süleymaniye)

SILIVRIKAPI. MEVLANAKAPI YOLU

MEVLÂNAKAPI CADDESI

OĞUZHAN CADDESI

VATAN CADDESI

HORHOR CADDESI

ATATÜRK

ŞEHZADEBAŞI CADDESI

Mosquée Schzade

Univers

Tour de Beyazit

MILLET CADDESI

Mosquée Murat Pasa

ORDU CADDESI

Mosquée de Beyazit

KÜLLELIM CADDESI

YENIÇERILER CADDESI

SILIVRIKAPI CADDESI

HEKIMOĞLU

AUPAŞA CADDESI

HASEKI CADDESI

NAMIKKEMAL CADDESI

MUSTAFA KEMAL CADDESI

GEDIK PAŞA

•Silivrikapı

KOCA MUSTAFA PAŞA CADDESI

KÜÇÜKLANGA CADDESI

TÜRKELI CADDESI

BELGRATKAPISI-DEMIRHANE YOLU

Murailles terrestres

SAMATYA CADDESI

KENNEDY

KENNEDY

Château des Sept tours (Yedikule)

Mer de

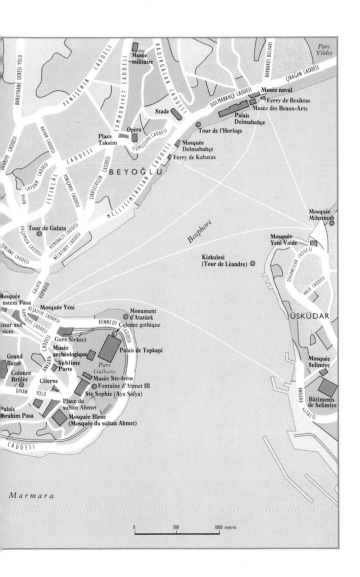

à cause de sa magnifique décoration intérieure en carreaux bleus d'Iznik. L'un des autres grands pôles d'intérêt touristique est le palais de Topkapi, ancienne résidence des sultans ottomans, devenu un musée extrêmement riche.

Rares sont les visiteurs qui négligent de faire une visite au Grand Bazar, mondialement connu pour son entassement de 4 000 boutiques, ne serait-ce que pour s'imprégner d'atmosphère orientale. Evidemment, le shopping est l'un des grands attraits de la visite d'Istanbul, non seulement dans le Grand Bazar, mais aussi dans les artères modernes où l'on peut s'habiller à la dernière mode. partout vous trouverez des échoppes traditionnelles proposant, entre autres spécialités artisanales, des articles en argent ou en or, et de la maroquinerie.

Depuis ces dernières années, un grand programme de reconstruction et de restauration a été entrepris pour embellir la ville et préserver les quartiers, les immeubles et les monuments les plus importants. Récemment, par exemple, la fameuse Corne d'Or était dangereusement polluée par les déchets industriels des usines voisines. Ces usines ont aujourd'hui disparu, et le rivage de ce bras de mer a été transformé en espaces verts. On a également installé de longues canalisations pour évacuer les eaux d'égout vers le fond de la mer de Marmara. La construction du nouveau pont de Galata qui enjambe l'entrée de la Corne d'Or et réunit les principales zones d'activité des deux rives a contribué à désengorger une circulation saturée. A Aksaray, la première section très attendue du métro a été inaugurée.

Autre entreprise ambitieuse : la restauration des murailles intérieures, qui barrent l'ouest de la péninsule et relient celles, du rivage de la Corne d'Or, au nord, à celles de la côte de la mer de Marmara, au sud. Après restauration, les douves seront presque toutes remplies d'eau, et il est également question de théâtres en plein air, d'espaces verts et d'installations sportives. L'Association Touristique et Automobile Turque a joué un grand rôle dans l'embellissement d'Istanbul, de nombreux restaurants et de beaux salons de thé dans les parcs de la ville, pour les ouvrir au public, et en réhabilitant deux vieilles propriétés pour les transformer en hôtels de luxe.

Ces réalisations contribuent, entre autres efforts, à l'attrait de la ville. Un simple passage ou même un séjour d'une semaine ne suffiront pas pour s'imprégner de son atmosphère ou pour jouir de ses splendeurs — vieilles églises, mosquées, palais, bazars et restaurants, cafés et salons de thé, parcs enchanteurs — et de sa vie nocturne si exotique, sans parler des fascinantes excursions sur les rives du Bosphore, au cours desquelles vous vous régalerez peut-être de fruits de mer, sur l'une des îles voisines.

Istanbul a un charme exotique bien à elle, sans comparaison avec celui de toute autre capitale ou ville d'Europe.

Le harem de Topkapi, sur lequel courent tant de légendes

• **Visite d'Istambul**

Palais

◆◆
PALAIS DE TOPKAPI
Une visite d'Istanbul serait incomplète sans un détour par l'étonnant palais de Topkapi, ancienne résidence des sultans ottomans, transformée en un musée d'une exceptionnelle richesse, où l'on découvrira une magnifique collection de porcelaine chinoise, une présentation des fameux joyaux du trésor impérial, et un choix de robes portées par les sultans et leur famille.
Les joyaux sont particulièrement impressionnants : une véritable caverne d'Ali Baba débordant sur quatre pièces, d'autant plus saisissantes qu'y sont exposées des cimiers de turbans, des armures et des casques sertis de pierreries, tout ce que la collection compte d'armes et d'ustensiles ornés de perles ou de diamants, et pas moins de trois trônes. L'éclat de la fameuse dague d'émeraude, vedette du film *Topkapi,* de Jules Dassin, paraît bien terne à côté de la splendeur du célèbre «diamant de la cuiller», de 86 carats.
Près de l'imposante entrée du palais, se trouve l'élégante fontaine du sultan Ahmet III. Dans la première cour se dresse la vieille église Sainte-Irène, l'une des plus anciennes églises chrétiennes d'Istanbul, et sur le côté gauche de la seconde cour, à l'ombre des cyprès et des platanes, se trouve la cuisine du palais, qui abrite aujourd'hui une magnifique collection de porcelaines de Chine. Le harem, où l'on accède par un portail sur la droite de la cour, était la résidence surveillée des

femmes et concubines du sultan.

Dans la troisième cour, se trouvent la salle des audiences du sultan, puis la bibliothèque d'Ahmet III. On accède ensuite à la présentation des robes portées par les sultans et leur famille, celle du Trésor, et enfin à une exposition de miniatures. Dans la quatrième cour se trouve le pavillon du Manteau Sacré, où sont conservées des reliques du prophète Mahomet.

PALAIS DE DOLMABAHÇE

Ce palais édifié au milieu du XIXᵉ siècle par le sultan Abdulmecit, doté d'une immense façade sur le Bosphore, a beaucoup d'allure. Avec son énorme lustre de cristal, le grand salon de réception, soutenu par 56 colonnes, est particulièrement impressionnant. On remarquera également le harem et le pavillon aux oiseaux, qui abritait une collection d'oiseaux du monde entier.

PALAIS DE BEYLERBEYI

Situé sur la rive asiatique du Bosphore, ce palais en marbre blanc dont le jardin est orné de magnolias, fut construit en 1865 par le sultan Abdulaziz. Résidence d'été des sultans, il hébergeait les dignitaires étrangers en visite.

PALAIS D'YILDIZ

La construction de cet ensemble formé de pavillons, d'une mosquée et d'un palais, s'échelonna sur une longue période, sous le règne de plusieurs sultans. Il fut achevé par Abdulhamit II, à la fin du XIXᵉ siècle. Le Sale, le plus grand et le plus beau bâtiment, reflète la vie fastueuse de l'époque. Le palais, situé sur une hauteur au milieu d'un grand parc garni de fleurs, d'arbres et de plantes provenant des quatre coins du monde, offre une vue panoramique sur Istanbul.

Musées

SAINTE-SOPHIE (AYA SOFYA)

L'actuelle Sainte-Sophie est le troisième édifice de ce nom sur le même site. La première église fut achevée en 366 sous le règne de Constantius, fils de Constantin le Grand. Cette église fut

Construite sur le modèle de l'église du Saint-Sépulcre, Sainte-Sophie fut transformée en mosquée au XVIᵉ siècle

incendiée en 404, et une nouvelle église, consacrée en 415, fut reconstruite sur le site par Théodose II. L'église ayant à son tour été incendiée en 532, l'empereur Justinien lança la même année les travaux de l'actuel monument, qui furent achevés en 537. Cette église, conçue par Anthemius et l'architecte Isodorus, enchanta par son dôme et son ornementation.

La basilique subit des réparations en 994, et fut ultérieurement pillée par les chrétiens d'Occident entrant dans Istanbul avec l'armée de la quatrième croisade. Des prêtres russes qui la visitèrent au XVe siècle rapportent qu'elle était à cette époque quasi abandonnée. Dès 1453, date de la prise de Constantinople par les Turcs, l'édifice fut repris en main et restructuré. On utilisa

pour le réaménagement des vestiges des cités antiques de Saba, Ephèse et Baalbek, et les murs primitifs de Sainte-Sophie furent ornés de marbres de couleur et de mosaïques.

A l'intérieur, au dessus de la porte sud de l'édifice — aujourd'hui entrée principale — une saisissante mosaïque montre Marie assise sur un trône, l'enfant Jésus dans son giron, encadrée par deux autres personnages : à gauche, Constantin le Grand présentant à la Vierge la ville qu'il a fondée ; à droite saint Justinien, offrant une maquette de Sainte-Sophie. Au dessus de la vraie porte principale du bâtiment, le portail de l'Empereur, une mosaïque représente Jésus, Marie et l'ange Gabriel. Jésus tient dans la main gauche un livre sur lequel est inscrit «Je suis la paix et la lumière du monde». Sur les quatre côtés de l'église, des rampes montent vers les galeries supérieures. Le côté occidental du dernier étage de galeries était réservé à l'impératrice et aux épouses des hauts dignitaires de l'Etat. Une section de la galerie méridionale porte le nom de salle de réunion du Consul.

Au milieu du mur de droite de la salle, une mosaïque représente Jésus, Marie et Jean-Baptiste, et sur le mur oriental on voit l'empereur Constantin et l'impératrice Zoé offrant à Jésus en Majesté une bourse d'or et l'édit impérial ordonnant la fondation de la cité.

Un charmant café, l'Ayasofya, est aménagé dans un coin tranquille du jardin du musée, à l'ombre de vieux arbres.

◆◆
MUSÉE KARIYE

Saint-Sauveur-in-Chora, église du XIe siècle, est le plus important monument d'Istanbul après Sainte-Sophie. Les murs sont décorés de superbes fresques et mosaïques du XIVe siècle sur fond doré. L'église est un remarquable musée d'art byzantin, et son paisible jardin est bordé de belles maisons de bois où vous pourrez vous détendre en savourant du thé ou du café.

◆◆
MUSÉE SAINTE-IRÈNE

Première église d'Istanbul, Sainte-Irène fut édifiée par Constantin au IVe siècle, et reconstruite par Justinien. Elle serait construite sur l'emplacement d'un temple préchrétien.

◆◆
MUSÉES ARCHÉOLOGIQUES

Ils sont situés en bordure de la première cour du palais de Topkapi. Le fameux sarcophage d'Alexandre se trouve dans le Musée archéologique, tandis que le musée de l'Orient antique renferme des témoignages des civilisations hattienne, hittite, assyrienne, babylonienne et sumérienne.

◆◆
CINILI KOSK (musée des Céramiques turques)

Ce pavillon, construit par le sultan Mehmet au XVe siècle, expose de magnifiques carreaux d'Iznik du XVIe siècle, et de beaux spécimens seldjoukides et ottomans. C'est le plus ancien des édifices non religieux d'Istanbul.

◆◆
PALAIS D'IBRAHIM PASA (musée d'Art turc et islamique)

Construit en 1524 par Ibrahim Pasa, grand vizir de Soliman le Magnifique, ce palais est la plus grande résidence privée construite sous l'empire ottoman. C'est aujourd'hui un musée riche de nombreuses miniatures turques et persanes, de carreaux seldjoukides et de tapis anciens.

◆◆
MUSÉE NAVAL

Situé dans le voisinage de Besiktas, ce musée conserve les caïques impériaux, grandes galères utilisées par les sultans pour la traversée du Bosphore, et de nombreux témoignages intéressants de l'histoire navale turque.

◆◆
MUSÉE MILITAIRE

Parmi les reliques de l'histoire militaire turque, on voit les grandes tentes utilisées au cours des campagnes.

◆
MUSÉE ATATÜRK

Installé dans la maison où vécut Atatürk, à Sisli, il contient ses effets personnels.

◆
MUSÉE SADBERK HANIM

Charmant musée consacré à l'artisanat turc ancien, situé à Büyükdere sur le Bosphore.

◆
MUSÉE DES BEAUX ARTS

Situé à Besiktas, ce musée est considéré comme l'un des plus beaux de Turquie. Peintures et

sculptures de la fin du XIXe siècle à nos jours.

◆
MUSÉE DES TAPIS TURCS
Situé près de la mosquée du sultan Ahmet, il contient une intéressante collection de tapis
turcs et de *kilims,* dont certains
sont très anciens.

Mosquées

◆◆
LA MOSQUÉE BLEUE
(Sultan Ahmet Camii)
L'élégante mosquée du sultan
Ahmet Ier, connue sous le nom
de mosquée Bleue à cause de sa
magnifique décoration intérieure en carreaux bleu turquoise d'Iznik, fait face à
Sainte-Sophie. Elle est la seule
à posséder 6 minarets.

◆◆
MOSQUÉE DE SOLIMAN
La mosquée de Soliman le
Magnifique est considérée
comme la plus belle de toutes
les mosquées impériales d'Istanbul. Elle fut construite entre
1550 et 1557 par le célèbre
architecte Sinan, dont le rêve
était de surpasser les bâtisseurs
de Sainte-Sophie. Perchée sur
une colline, elle est d'autant
plus imposante que 4 grands
minarets se dressent aux 4 coins
de sa cour. A l'intérieur, le *mihrab* (niche à prières) et le *min-
bar* (chaire) sont en marbre
finement ciselé, et il y a de
beaux vitraux. Contre la mosquée se trouvaient des écoles de
théologie, une école de méde-
cine, une soupe populaire et un
hospice pour les pauvres, un
caravansérail et un bain turc.

*Dans la mosquée Bleue, les
magnifiques carreaux de porcelaine
sont éclairés par la lumière des
260 fenêtres*

◆
MOSQUÉE FATIH
Cette mosquée impériale, construite entre 1463 et 1470, porte
le nom du conquérant d'Istanbul. Perchée sur l'une des collines de la ville, elle est
remarquable par ses dimensions, et pour le vaste ensemble
de fondations religieuses qui
l'entourent : des écoles théolo-
giques, des hospices, un hôpital, un caravansérail et une
bibliothèque.

◆
MOSQUÉE RUSTEM PASA
Construite en 1561 près de la
Corne d'Or, sur l'ordre de Rustem Pasa, grand vizir et gendre
de Soliman le Magnifique, cette
mosquée est l'œuvre de l'architecte Sinan.

Monuments

◆◆

PLACE DU SULTAN AHMET
Face à la mosquée Bleue se trouve le site de l'antique hippodrome, théâtre de courses de chars et centre de la vie civile byzantine. Il ne reste que trois des monuments qui l'ornaient autrefois : l'obélisque de Théodose, la colonne de bronze torsadée et la colonne de Constantin.

◆

FONTAINE D'AHMET III
Construite en 1723 à l'entrée du palais de Topkapi en offrande à Ahmet III, c'est l'une des plus belles fontaines du monde. Extrêmement décorée et couverte d'un toit pointu doté de larges avant-toits, c'est un très beau spécimen architectural.

◆

RUMELI HISAR
La forteresse rumélienne construite par le sultan Mehmet en 1452, avant la conquête de Constantinople, fut achevée en quatre mois seulement. Elle est maintenant utilisée pour certains spectacles du festival annuel d'Istanbul.

◆

TOUR DE GALATA
Cette énorme tour haute de 62 m, construite par les Génois en 1348 bénéficie d'une vue magnifique sur la Corne d'Or et le Bosphore.

◆

TOUR DE BEYAZIT
Située dans l'enceinte de l'Université d'Istanbul, cette tour de 85 m de haut fut construite par Mahmut II en 1828, comme tour de guet contre les incendies.

◆◆

MURS INTÉRIEURS D'ISTANBUL
Construites au Ve siècle par

Le Rumeli Hisar est à 10 km au nord de la ville, au resserrement du Bosphore

l'empereur Théodose, ces murailles s'allongent sur 7 km entre la mer de Marmara et la Corne d'Or. Avec leurs nombreux bastions et tours, elles étaient autrefois les plus puissantes fortifications de la chrétienté.

◆◆ BOGDOGAN KEMERI

(Aqueduc de Valens)
Construit par l'empereur Valens en 368 ap. J.-C., cet aqueduc à 2 étages d'arches alimentait en eau les palais byzantins puis ottomans. Il est encore debout sur une longueur considérable.

◆ KIZKULESI

Cette tour, également nommée tour de Léandre, se dresse sur un minuscule îlot à l'entrée du port d'Istanbul, à l'endroit où Léandre se serait noyé, selon la mythologie grecque, en traversant à la nage le Bosphore pour rejoindre la prêtresse Héro. La tour primitive du XIIe siècle fut reconstruite au XVIIIe siècle.

Hôtels

Istanbul dispose d'une excellente gamme d'hôtels de toutes catégories, beaucoup d'entre eux étant situés dans la zone de Taksim, le centre actif de la nouvelle ville. L'**Etap Marmara** est sur la place Taksim, en face du centre culturel Atatürk. C'est un hôtel de luxe de 432 chambres, dont le restaurant et le bar en terrasse offrent de splendides panoramas sur la ville. En face des jardins de Taksim se trouve le **Sheraton** d'Istanbul, qui associe luxe d'un hôtel international et atmos-phère orientale. Ses 460 chambres sont élégamment meublées, et l'hôtel propose plusieurs restaurants : la Coupole sert à la fois des plats classiques et locaux, et le Revan de la nourriture turque traditionnelle. Abondamment décoré d'œillets ottomans, le Revan offre une vue splendide sur le Bosphore. Son tout dernier fleuron est le café Vienna, haut lieu du café, des pâtisseries et des glaces.

Près du Sheraton, sur Cumhuriyet Caddesi, se trouve le **Divan**, 200 chambres, dont l'atmosphère est particulièrement chaleureuse. L'hôtel est renommé pour sa nourriture, pour les excellents chocolats et délicieux gâteaux de son salon de thé, la clientèle décontractée de son bar, et la cuisine turque ou internationale de son restaurant.

Du Divan, on peut se rendre à pied en longeant Cumhuriyet Caddesi — longue avenue bordée de boutiques, de bars, de restaurants, d'agences de voyage et de bureaux de compagnies aériennes — au **Hilton International**, où 5 hectares de jardins sont à la disposition des occupants des 526 chambres, ou des nombreux congressistes. La rôtisserie de la terrasse bénéficie d'une très belle vue sur le Bosphore. Le restaurant Maison Verte et le bar Lalezar sont également très fréquentés. Les excellents équipements sportifs de l'hôtel jouent un rôle important dans la vie sociale de la ville.

L'hôtel **Macka**, plus petit avec ses 185 chambres, est situé dans le quartier résidentiel à la mode de Macka. Son restaurant est de qualité, et il est à proximité des meilleurs boutiques et restaurants de cette partie de la ville. A 20 minutes de voiture du centre de la ville, les 261 chambres du **Buyuk Grand Tarabya** dominent la magnifique baie de Tarabya sur le Bosphore. Ses restaurants Bogazici et Teras sont toujours bondés en été.

L'hôtel **Cinar**, à Yesilkoy — à 10 km de la ville et seulement 4 km de l'aéroport — dispose d'une immense piscine et d'une plage privée. Ses deux restaurants sont le Mehtap Grill, qui sert des spécialités turques, et le Périgourdin, avec ses dîners dansants et ses spectacles.

Pour ceux qui préféreraient la paisible élégance d'une villa ottomane au cœur de la cité historique, nous conseillons le **Yesil Ev** (anciennement Yesil Konak), belle résidence du XIXe siècle restaurée. Les 20 chambres aux hauts plafonds sont confortables et meublées d'antiquités. Une atmosphère historique émane de ce bel hôtel, à quelques pas seulement du palais de Topkapi, de Sainte-Sophie et de la mosquée Bleue. Le domaine d'**Ayasofia Ottoman** et le **Sokhollu Pasha** sont deux hôtels de standing aménagés dans d'intéressants immeubles historiques. Le premier est en fait un ensemble de 9 hôtels : une rue proche du palais de Topkapi et face à Sainte-Sophie, bordée de 9 vieilles maisons ottomanes en bois, sauvées de la démolition et magnifiquement restaurées. Les belles chambres d'hôtes, toutes différentes, reflètent l'art de vivre et le confort des riches familles de l'époque ottomane. Ces chambres aux tapis anciens sont équipées de salles de bains modernes. Les maisons aux couleurs pastel s'alignent dans la rue pavée en pente, interdite au trafic. Le Sokhollu Pasha, également situé près du palais de Topkapi, était la résidence de l'éminent Sokhollu Pasha, grand vizir ottoman. Son élégante silhouette du XVIIIe siècle est demeurée intacte, et l'on admirera à l'intérieur un mobilier oriental finement sculpté et de magnifiques tapis turcs, un authentique cellier à vins byzantin et un vieux bain turc, à la disposition des clients de l'hôtel. Au dehors, un escalier à dorures descend vers les merveilleux jardins, où trône une fontaine de marbre.

Le **Hidiv Kasri** est un autre intéressant bâtiment transformé en hôtel. Cet ancien palais d'été du khédive égyptien, qui surplombe le Bosphore, est un palais art déco au milieu d'un parc, qui comblera les nostalgiques du fastueux passé d'Istanbul. Les anciennes écuries ont été aménagées en restaurant.

L'un des plus vieux hôtels d'Istanbul, le **Pera Palas**, fut construit en 1892 pour héberger les passagers de l'Orient Express. Situé dans le quartier de Tepebasi, il surplombe la Corne d'Or. Le charme du passé y est toujours présent.

Le **Ramada**, au contraire, est complètement moderne. Il offre tout le confort et les équipements des chaînes d'hôtels internationales.

Restaurants

La plupart des restaurants à

Camelots, bazars et boutiques font d'Istanbul un paradis du shopping

Liman (port), construit en 1940, est si proche des navires de croisière alignés sur les quais, qu'on a l'impression de pouvoir les toucher en étendant la main. Depuis les années 1950, le Liman fournit les repas des grandes réceptions pour les palais de Beylerbeyi et Dolmabahce. A midi, une clientèle fidèle y déjeune.

Le **Beyti**, est situé sur la mer de Marmara, près de l'aéroport, à Florya. Malgré sa taille — 11 salles à manger aux murs carrelés, 3 terrasses et 5 cuisines — c'est une institution culinaire d'Istanbul, dont les viandes sont parmi les meilleures de Turquie. Typiquement oriental, **Pandelli** est situé au-dessus de l'entrée du bazar aux épices. Ses petites salles voûtées sont décorées de carreaux bleus. Pour jouir d'une vue splendide sur la vieille ville, allez au restaurant de la **Tour de Galata**, au sommet de cet édifice génois du XIIIe siècle, où a également été aménagée une boîte de nuit turque.

L'atmosphère des restaurants de la ville moderne est plus cosmopolite, moins traditionnelle, et leur clientèle internationale appartient aux milieux à la mode.

Le **Plaza**, par exemple, situé à Bronx Sokak près de l'hôtel Macka, est un endroit où l'on va pour voir et être vu. Son bar anglais sert des cocktails et des digestifs. Une discothèque avoisine ce restaurant très «branché». Le **Club 29**, avec son élégant décor art déco, appartient à la même direction. Son petit restaurant spécialisé en cuisine française est au rez-de-

l'intérieur et à l'extérieur de la vieille ville sont typiquement turcs, comme le **Konyali Palace** au palais de Topkapi, dont la cuisine traditionnelle est excellente, et les pâtisseries et desserts remarquables. Le **Gar** (gare), à la gare de Sirkeci, n'a pas changé depuis 1875, époque où il accueillait les passagers du légendaire Orient Express. Sous un impressionnant haut plafond, l'on y sert d'excellents plats turcs et internationaux. Le **Borsa Lokantasi**, dans la vieille ville, appartient à la même direction. On y sert un déjeuner turc typique, simple et frais. Depuis 60 ans, il est le rendez-vous du monde des affaires. On n'y consomme pas d'alcool.

L'énorme salle à manger du

chaussée, et l'on danse à l'étage. L'été, le Club 29 est transféré au Vanikoy 29, sur la rive asiatique du Bosphore. Une vedette assure la traversée.

Le **Park Samdan**, sur Mim Kemal Oke Caddesi, est un petit restaurant chic, proche du parc, décoré de glaces, qui sert d'excellentes spécialités turques et de la cuisine internationale. Son frère de style art déco, le **Samdan**, sur Nisbetiye Caddesi, est spécialisé en cuisine italienne et dispose d'une discothèque à l'étage.

L'**Abdullah**, sur les collines d'Istinye, existe depuis 1881. En été, sa terrasse en jardin est un lieu recherché, fréquenté par le corps diplomatique.

Le Bosphore est bordé de restaurants de poissons, souvent de qualité. Le **Yeni-Bebek**, avec son adorable terrasse sur la baie de Bebek, est particulièrement renommé pour ses spécialités de fruits de mer. Les prix sont assez élevés et en été il faut réserver. A Macka, le bar-restaurant **Ziya**, fréquenté par la population locale, est réputé pour ses mezes. Le **Ziya** d'Ortakoy attire une clientèle jeune qui aime dîner puis danser au bord du Bosphore. Tous deux ne sont qu'à 20 minutes du centre ville. Le meilleur endroit pour entendre de la musique turque et voir des spectacles de danse du ventre, tout en dînant, est le **Kervansary**, night-club situé entre le Divan et le Hilton.

Les night-clubs **Maksim** (place Taksim et à Bebek) offrent également des spectacles orientaux où de grands orchestres accompagnent chanteurs et danseuses.

Achats

Des bazars aux boutiques chic, en passant par les marchés en plein air et les maisons de couture, Istanbul est pleine de ressources.

Grand Bazar

Kapali Carsisi, le bazar couvert de la vieille ville, universellement connu sous le nom de Grand Bazar, est le plus grand souk oriental au monde : un labyrinthe de ruelles, chacune spécialisée dans un négoce ou un artisanat. La section des joailliers étincelle de milliers de pièces orientales d'or et d'argent, constellées de diamants et de pierres précieuses ; la section des cuivres et des bronzes propose une multitude d'objets et de souvenirs, et la rue des marchands de tapis n'est qu'un luxueux étalage de tapis de laine colorés, de tapis de soie d'Hereke, de *kilims* contemporains et anciens, de *cicims* et de carpettes en peau de chèvre. Le secteur des maroquiniers offre une large gamme de produits, mais de qualité variable. Au centre du marché se trouve la section des antiquités du Bedesten, véritable mine à icônes, à monnaies, broderies, porcelaines anciennes et pièces en onyx, mais aussi fourneaux, armes, et autres objets métalliques.

Certains antiquaires du bazar sont réputés, tels **Abdullah-L, Chalabi** et **Epoque**, riches en belles icônes, bijoux anciens et objets d'art. **Berfu** est spécialisé en copies de bijoux anciens, réalisées artisanalement sur des modèles antiques. Parmi les autres boutiques spécialisées

Le Grand Bazar d'Istanbul est le plus grand marché couvert du monde

dans la joaillerie, citons **Sait Koc**, **Camic** et **Lapis**.

Bazar aux Epices

Le Bazar aux Epices, ou Misir Carsisi, embaume les aromates et les épices, les plantes médicinales, les racines et les poudres. On peut y acheter, entre autres, miel, halva, noisettes, amandes et safran.

Si vous souhaitez acheter un tapis en toute confiance, en prenant le temps d'examiner la marchandise sans être agressé par le vendeur, allez chez **Gallery Istanbul**, **Lapis** ou **Bazaar 54**.

Allez flâner tranquillement à la boutique **Sofa**, où l'on vous offrira le traditionnel verre de thé, pendant que vous examinerez de vieilles gravures, des cartes anciennes, de la calligraphie, des céramiques Kutahya neuves et anciennes, des tapis usés, des *kilims* et des miniatures persanes.

Si vos goûts sont plus contemporains ou si vous vous intéressez à la mode, faites un détour par Istiklal Caddesi, Cumhuriyet Caddesi, et la zone vallonnée et résidentielle de Macka.

Syndicats d'initiative

Bureau central : Mesrutiyet Cad No 56/7 Galatasaray (Tél. (1) 1456593, 1456875, 1492782). Harbiye : hôtel Hilton (tél. (1) 1330592). Karakoy : Karakoy Limani Yolu Salonu (tél. (1) 1495776). Sultanahmet : Divan Yolu Cad. 3 (tél. (1) 5224903). Yesilkoy : Atatürk Hava Alani (tél. (1) 5737399). Yalova : Iskele Meyd 5 (tél. (1) 2108).

• **Excursions à partir d'Istanbul**

Istanbul est une excellente base pour rayonner vers plusieurs villes, cités antiques, îles et stations balnéaires du Bosphore, de la Thrace, et du rivage de la mer de Marmara.

Une journée aux îles des Princes vous enchantera, et les visites de la station balnéaire et thermale de Yalova, de la ville d'Iznik, célèbre pour ses carreaux de céramique, de la ville de Bursa et de la ville frontalière d'Edirne, capitale de la province de Turquie européenne, vous sont vivement conseillées.

◆◆◆
ILES DES PRINCES

Les visiteurs d'Istanbul se doivent d'aller en ferry dans l'une des îles des Princes, sur la mer de Marmara. Ces îles sont au nombre de 9, mais 4 seulement sont habitées. Les plus visitées sont Büyükada («grande île») et Heybeli. Elles étaient autrefois la villégiature des princes byzantins ; aujourd'hui, elles accueillent les habitants d'Istanbul en vacances.

A Büyükada comme à Heybeli, les restaurants et les cafés bordent le front de mer près du débarcadère. A cause de l'absence de circulation automobile, on se déplace en *boghei* (voiture à cheval). Avec son atmosphère de station méditerranéenne, Büyükada est indubitablement la plus attrayante des deux îles, mais toutes deux ont beaucoup de charme. Les excursions depuis Istanbul comprennent une matinée de traversée en ferry, un tour de l'île en *boghei*, suivi d'un déjeuner

dans l'un des nombreux restaurants à spécialités de poissons, et enfin un moment pour le shopping ou la flânerie avant le retour en ferry.

◆◆◆
YALOVA

Cette station attire les visiteurs depuis l'époque romaine, grâce à ses sources thermales chaudes jaillissant du flanc boisé d'une colline, à 12 km de là. Les bains principaux sont de style byzantin, et une grande piscine à ciel ouvert est alimentée par une eau jaillissant à 60°. Yalova offre une plage sablonneuse flanquée d'une belle promenade ombragée, et de nombreux hôtels modernes. Les collines environnantes sont très appréciées des marcheurs. On peut visiter une résidence d'été construite pour Atatürk en 1929.

◆◆◆
IZNIK

Les murs qui l'entourent, les tours du château et les vestiges des portes romaines sont les seuls témoignages de la gloire passée de la cité. La première mosquée à dôme d'architecture ottomane, la Haci Özbek Camii, la fameuse mosquée Verte, carrelée, et le Nilufer Hatun Imareti comptent parmi les plus impressionnants monuments islamiques.

Habitée dès la préhistoire et développée en 310 av. J.-C. par un général d'Alexandre le Grand, Iznik se rendit célèbre dans l'histoire chrétienne en tant que lieu du premier concile oecuménique, qui fixa en 325 ap. J.-C. les premières doctrines universellement reconnues par la Chrétienté.

Au XIVᵉ siècle, une fabrique de porcelaine y fut implantée, qui se développa constamment à cause de la demande croissante pour la décoration des mosquées, des palais et d'autres bâtiments. Au nombre des curiosités de la ville figurent une soupe populaire du XIVᵉ siècle et un hospice derviche, aujourd'hui transformé en musée — on s'en doute — des céramiques.

◆◆◆
EDIRNE

Edirne, fondée par l'empereur romain Hadrien en 125 ap. J.-C., est située sur une pente entourée par la rivière Tunca. C'est une ville aux attrayantes rues pavées, bordées de belles maisons de bois et au bazar animé, qui s'enorgueillit d'un musée d'Art islamique, d'un Musée archéologique aux magnifiques statues romaines et d'un caravansérail très bien restauré. L'un des plus impressionnants édifices d'Edirne est le chef-d'œuvre de Sinan : la mosquée Selimiye, au large dôme flanqué de 4 immenses et élégants minarets.

Edirne est aussi célèbre pour son tournoi annuel de lutte, qui se déroule fin juin - début juillet, dans l'île de Sarayiçi sur la Tunca, ancienne réserve de chasse des sultans.

◆◆◆
BURSA

Il y a aussi beaucoup de choses à voir à Bursa, capitale de l'Empire ottoman au XIVᵉ siècle. Construite entre 1413 et 1421,

la mosquée Verte est considérée comme l'une des plus belles de Turquie. Bursa est également renommée pour être l'une des plus grandes stations thermales du pays. Bâtie au pied du mont Uludag, la ville cumule des richesses naturelles, culturelles et historiques. Son nom vient de Prusias Iᵉʳ, roi de Bythinie. Nombreux témoignages de l'architecture ottomane dans la ville.

La visite de cette belle ville verdoyante — la sixième de Turquie, avec plus d'un million d'habitants — passe obligatoirement par son Musée archéologique, avec ses vestiges romains et byzantins et son intéressante collection de monnaies, et par l'impressionnante

Les carreaux décoratifs de la mosquée Verte de Bursa sont probablement les plus beaux de Turquie

Un grand cheval de bois conforme à la description d'Homère est posté à l'entrée de Troie

Muradiye Camii, mosquée carrelée de bleu située près d'un joli jardin où fleurissent en été les roses et les magnolias. Une visite de Bursa ne saurait être complète sans l'ascension du Uludag, surtout au printemps, lorsque la plaine qu'il domine est entièrement tapissée de vert, et les versants, de fleurs sauvages. Un funiculaire relie le versant à l'est de la ville, et des taxis font l'ascension par la route depuis Cekirge. La vue du sommet est magnifique.

Syndicat d'initiative :Atatürk Caddesi 82 (tél. 12359). Près de la mosquée Ulu.

♦♦♦
TROIE

Troie (Truva), dont le nom évoque l'épopée de l'*Iliade,* était considérée comme une invention d'Homère jusqu'aux années 1870, où l'on découvrit 9 niveaux successifs de civilisation sur ce site. Heinrich Schliemann fit d'importantes découvertes au niveau II à partir du fond (env. 2600 av. J.-C.), où il situa la Troie d'Homère. Plus récemment, des experts ont affirmé que Troie VI (1900 à 1300 av. J.-C.) ou Troie VII, détruite par un assaillant inconnu en 1200 av. J.-C., correspondaient à la Troie légendaire. Peu de choses à voir sur le site, mais le musée est intéressant.

Syndicat d'initiative : A. Hamdi Tanpinar Cad., Saydam I Merkezi N° 21, Kat 5 (tél. (241) 228005, 227513).

● **Accès à Istanbul**

Par avion
L'aéroport Atatürk d'Istanbul est bien desservi par les compagnies aériennes, à partir de la plupart des grandes capitales. Liaisons nombreuses et pratiques avec les villes et sites de Turquie.

Par la route
Les automobilistes arrivant d'Europe par la E5 — 253 km depuis la frontière bulgare *via* Edirne, et 250 km de la frontière grecque, au pont d'Ipsala — entrent dans la vieille ville par la porte de Topkapi, en traversant la Corne d'Or par le pont Atatürk, ou par l'Edirnekapi en suivant la Fevzipasa Caddesi jusqu'à l'intersection avec Atatürk Bulvari. Les visiteurs résidant dans les hôtels du district de Taksim ou de la rive du Bosphore devront plutôt emprunter la déviation d'Istanbul à l'aéroport Atatürk, qui franchit le pont de la Corne d'Or.

LA MER NOIRE

Les côtes turques de la mer Noire ne sont pas aussi exploitées par le tourisme que celles de la mer Egée et de la Méditerranée, mais grâce à leur cadre forestier entrecoupé de terrasses à théiers, de bosquets de noisetiers et de plantations de tabac, et leurs charmantes stations balnéaires, elles sont de plus en plus appréciées des visiteurs étrangers.

Selon la légende, ces côtes séparées du reste de la Turquie par la chaîne montagneuse de la mer Noire était le pays des fières amazones, et l'on dit qu'une reine amazone y fonda Sinope, célèbre lieu de naissance du satiriste et philosophe Diogène. Parmi les nombreuses stations côtières du littoral, les plus développées sont Kilyos et Sile, non loin d'Istanbul, mais Akcahoca, Inkum, Amasra et Fatsa possèdent également de très belles plages. La région compte aussi le port très actif de Trabzon, dans son cadre spectaculaire, ville au riche héritage historique. On y voit les vestiges d'une forteresse byzantine et beaucoup d'immeubles anciens, dont l'église Sainte-Sophie aux intéressants reliefs et fresques. Non loin de Trabzon se trouve le monastère de Sumela, perché comme un nid d'hirondelle sur une paroi rocheuse.

La côte méridionale de la mer Noire fut pendant des siècles l'une des zones d'activité maritime les plus actives du monde. Dès 1250 av. J.-C., les Argonautes l'empruntèrent en sortant du Bosphore, et firent voile vers l'est, sur les eaux éternellement noires de cette mer intérieure, pour aller en Colchide conquérir la Toison d'Or. La côte fut la voie du salut pour l'Athénien Xénophon et les survivants de ses Dix-Mille, lors de leur

La mer Noire à Sile

retraite vers la Grèce en 401-399 av. J.-C. C'est en 1295 que Marco Polo, après son séjour à Cathay, s'embarqua à Trapezus, la future Trébizonde aujourd'hui appelée Trabzon, et mit le cap sur Constantinople (Istanbul), avant de gagner l'Italie.

Ici fleurirent et périrent des royaumes, tels celui de Mithridate le Grand qui défia les Romains avant de succomber devant l'autorité impériale, et la byzantine Trébizonde survécut elle-même à Constantinople près d'une décennie.

L'isolement de la côte de la mer Noire l'a rendue très différente, physiquement et culturellement, du reste de la Turquie. Elle échappe aux étés torrides et aux hivers rigoureux de l'Anatolie, grâce au rempart montagneux parallèle au rivage. L'altitude de cette chaîne est variable : entre 600 et 3 000 m, et elle apporte à la côte une pluviométrie plus élevée que dans le reste de la Turquie, gage de grande fertilité.

◆
KILYOS

Gentil petit village littoral à quelque 32 km d'Istanbul et à 10 km du Bosphore, Kilyios a une longue et belle plage de sable doré, et plusieurs hôtels, restaurants, bars et boutiques. Le paysage environnant est charmant avec ses petites fermes au milieu d'une campagne verdoyante, où il fait bon se promener.

Hôtels
L'un des meilleurs hôtels de la station est le **Kilyos Kale**.

◆
SAMSUN

Samsun, appelé Amisus à sa fondation, n'a rien gardé de son passé agité : au Ier siècle av. J.-C., les citoyens d'Amisus préférèrent brûler leur ville plutôt que de se rendre aux Romains qui les assiégeaient. Quatorze siècles plus tard, la cité fut à nouveau détruite par le feu, cette fois par les marchands génois d'Amisus se défendant contre les Ottomans.

La Turquie moderne est née à Samsun le 19 mai 1919, lorsqu'un jeune officier macédonien nommé Mustafa Kemal, plus tard appelé Atatürk, débarqua du vapeur *Bandirma* pour conduire ses armées à la victoire de Smyrne (Izmir), après la traversée de l'Anatolie. Il fut à l'origine de la première république de Turquie, et fit

CÔTE DE LA MER NOIRE

entrer son pays dans le XXᵉ siècle, évolution que reflète aujourd'hui Samsun, avec sa grande foire annuelle industrielle et agricole.

◆◆
SILE

La station de Sile, populaire depuis longtemps en Turquie, figure de plus en plus souvent sur les brochures des agences de voyages internationales, grâce à la beauté de sa plage et son atmosphère accueillante. Son aspect et son animation la font ressembler par certains côtés à une station balnéaire du nord de l'Europe, mais là s'arrête la comparaison. Ici, le beau temps est assuré. De nombreux restaurants bordent la rue principale, et la plupart offrent des tables avec vue sur la mer. L'eau est chaude et limpide, et le sable impeccable. Les plages principales sont bien équipées, et les bars-brasseries y sont nombreux.

Vous pouvez visiter à pied les grottes, criques, baies et plages voisines, ou vous y rendre pour une somme modique en *dolmus*. En dehors de la station, on trouve des coins tranquilles, où l'on peut généralement acheter des boissons. La plus facile des excursions à pied est la visite du phare, le plus grand de Turquie, qui date de 1838, au pied duquel on découvre une belle vue. Si les gardiens sont en service, vous pourrez peut-être le visiter et admirer le panorama. Le soir, l'on se divertit autour des barbecues de la plage, plus populaires que les discothèques.

◆◆◆
TRABZON

Trabzon est encore la métropole de la côte orientale de la mer Noire. C'est là que le dernier empereur byzantin guettait sur la terre et la mer l'arrivée de l'envahisseur turc ottoman. L'empire de Trébizonde (ancien nom de Trabzon) succomba après 350 ans d'existence, le 15 août 1561, lorsque le sultan turc Mehmet II soumit la cité, comme Constantinople 8 ans auparavant.

Les vestiges des légendaires «tours de Trébizonde» permettent de s'imaginer ce qu'était la cité impériale au XIVᵉ siècle. Transformées en mosquées, les églises de la ville qui furent l'orgueil de la chrétienté sont bien conservées. A l'église de la Vierge à Tête d'Or, aujourd'hui mosquée Fatih ou

*L'Aya Sofya, du XIIIᵉ siècle, est
décorée de belles peintures et de
mosaïques dorées*

Ortahisar, la coupole est toujours plaquée d'or. Aya Sofia,
la «Sainte Sagesse» de Trébizonde, fut une église avant
d'être convertie en mosquée,
puis transformée en musée.
C'est le témoignage de l'architecture byzantine le mieux conservé de la côte.
Dans la forêt des montagnes
escarpées au sud de Trébizonde, vit une faune étonam-
ment variée : chamois, ours
bruns, chacals, chats sauvages,
loutres, bouquetins, mouflons,
martres et sangliers sauvages.
Syndicat d'initiative : Vilayet
Binasi (tél. (031) 35833, 35818,
35830).

• Accès à la mer Noire
Pour Trabzon il existe des vols
depuis Istanbul et Ankara. Par
le train, l'Express d'Orient relie,
via Erzurum, Istanbul à Kars,
d'où l'on continue en bus. Il
existe également des correspondances par bus vers les centres
provinciaux, et les Lignes Maritimes Turques desservent Samsun et Trabzon ; la traversée
dure 2 jours.

LA TURQUIE ORIENTALE

La région orientale de la Turquie, avec les monts Taurus au sud et la chaîne de la mer Noire au nord qui encerclent le plateau anatolien et forment un grand ensemble montagneux, est une terre de contrastes, singulièrement différente du reste du pays.

Ici, le visiteur s'étonnera de la diversité des paysages : le plateau ocre-rouge d'Erzurum ; les forêts, chutes d'eau et verts pâturages de Kars et Agri ; les neiges éternelles du mont Agri ; l'immense lac de Van aux eaux bleu foncé ; la torride plaine de Haute Mésopotamie ; et les vallées fertiles du Dicle et du Firat (Tigre et Euphrate).

Les trésors historiques de la région sont très divers : le saisissant sanctuaire d'Antiochus Ier, avec ses statues colossales, à Nemrut Dagi ; les églises et monastères byzantins ; les mausolées et caravansérails de la période seldjoukide ; les élégantes mosquées ottomanes et les forteresses perchées sur les hauteurs.

Terre d'affrontements des cultures orientale et occidentale — avec Romains et Parthes puis Byzantins et Sassanides — qui se soldent par la conquête finale de l'Anatolie par un peuple oriental, les Turcs seldjoukides —, cette région a connu un passé agité. Dans la région où la zone montagneuse de l'est succède à la steppe centrale, se trouvent les importants centres de Sivas, Divrigi, Eski, Malatya et Harput, témoignant par leurs monuments de l'éclat de l'art seldjoukide.

A 1 950 m d'altitude, Erzurum possède des mosquées et mausolées des périodes seldjoukide et mongole, et les remparts bien conservés d'une forteresse byzantine. Au nord, se trouve la ville frontière convoitée de Kars, dominée par une formidable forteresse.

On pense que le mont Ararat, point culminant de la Turquie, est le lieu où s'échoua l'Arche de Noé. L'Histoire y aurait débuté sur cette véritable borne dressée entre les nations et les empires. Au pied de cette montagne se trouvent les curieux palais et mosquée du XVIIe siècle et Ishak Pasa, à Dogubayazit.

Sur les rives de l'immense et magnifique lac de Van, se

Le sanctuaire de Nemrut Dagi, vieux de 2 000 ans, est un ensemble de statues monumentales

trouve la ville du même nom, avec sa citadelle d'Urartu datant du Iᵉʳ millénaire av. J.-C., et ses mosquées et mausolées des périodes seldjoukide et ottomane. Dans l'ancienne Haute Mésopotamie se trouve le bassin du Dicle (Tigre) et du Firat (Euphrate) et les villes de Diyarbakir, Mardin et Sanliurfa qui datent du IIᵉ millénaire av. J.-C. Enfin, au nord d'Adiyaman dans la zone montagneuse du Sud-Est, se trouve l'un des plus spectaculaires monuments de Turquie, le sanctuaire funéraire de Nemrut Dagi, avec ses têtes de dieux colossales, érigé il y a 2 000 ans pour le roi Antiochus Iᵉʳ.

Dans cette région, la vie est généralement austère, et les hôtels peu raffinés ; aussi les visiteurs devront-ils s'attendre à un confort minimal. Il est préférable de choisir soigneusement l'époque de sa visite, parce que l'altitude et l'éloignement de la mer poussent le climat de la Turquie orientale vers les extrêmes : étés torrides et hivers rigoureux. Le climat est encore plus difficile au Nord-Est, où les hivers sont longs et rudes, et les étés à peine chauds ; dans le Sud-Est, les étés sont brûlants et les hivers doux et brefs.

◆◆◆
DIYARBAKIR

Diyarbakir est l'une des cités les plus attrayantes de la Turquie orientale. Située sur un plateau, elle se distingue par une triple enceinte de basalte noir encerclant la vieille ville, et lui donnant un aspect médiéval. Ses remparts, garnis de 5 portes et de 16 tours, comptent parmi les plus longs du monde. Construits en 349 ap. J.-C. par l'empereur Constantius, fils de Constantin le Grand, ils ont été constamment entretenus par les occupants successifs, d'où leur excellent état.

Signalons également la mosquée Ulu pour son architecture originale et les matériaux antiques utilisés pour les restaurations successives. Aménagé dans une ancienne école théo-

La célèbre église du Xᵉ siècle de l'île d'Athamar, à 35 km de Van, est le plus bel exemple de l'architecture médiévale arménienne

logique, le Musée archéologique couvre une période de 4 000 ans.

Hôtels
Nous recommandons le **Demir** et le **Diyarbakir Buyuk**.
Syndicat d'initiative : Lise Cad. 24/A (tél (831) 12173, 17840).

◆◆◆
MARDIN
Tandis que Diyarbakir est noire d'aspect à cause du basalte de ses vieux murs, Mardin, qui surplombe la grande plaine mésopotamienne, est une ville blanche grâce à ses immeubles de calcaire. Son intéressante

citadelle romaine était jadis réputée imprenable, car ni les Seldjoukides au XIIe siècle, ni les Mongols au XIIIe n'avaient réussi à la prendre. Seul Tamerlan put s'en emparer, à la fin du XIVe siècle.
Les monuments islamiques sont du plus grand intérêt : le Kasim Pasa Medrese du XVe siècle ; les mosquées de Latifiye et d'Ulu, construites par les Seldjoukides au XIe siècle, et la Sultan Isa Medrese, au portail finement ornementé.
A 7 km de Mardin, sur la route d'Akinci, se trouve le grand monastère jacobite du Deyrulzaferan, tandis que la proche Kiziltepe contient l'un des meilleurs exemples de l'architecture seldjoukide, la mosquée Ulu du XIIIe siècle, au *mihrab* décoré de délicats reliefs et au beau portail.

◆◆
LAC DE VAN
Ce lac magnifique est de loin le plus vaste de Turquie — cinq fois plus grand que le lac de Genève. C'est une véritable mer intérieure à 1 800 m d'altitude, bordée par les montagnes de l'Anatolie orientale. Le lac contient des sources sulfureuses à 100 m de profondeur près du rivage, et à 200 m en son centre, ce qui donne à l'eau une extrême salinité, un peu comme la mer Morte. En hiver, la navigation est impossible, parce que d'imprévisibles et terribles orages la rendent périlleuse. Pourtant, pendant les mois d'été, les eaux du lac sont de plus en plus fréquentées.
La ville moderne de Van, à 5 km du rivage, est un endroit déli-

cieux que les touristes n'ont pas encore — pour combien de temps ? — envahie. Pour l'instant, ses restaurants et *lokantas* ont gardé leur caractère authentique. La vieille ville est située au pied d'une massive plate-forme rocheuse. Ici la citadelle, à 3 km à l'ouest de la ville nouvelle, domine les ruines de vieilles églises, de mosquées seldjoukides et ottomanes, et les maisons creusées à même la pierre. L'excellent musée de Van contient de belles antiquités ourartéennes.

A Cavustepe, à 35 km de Van, se trouve un important site ourartéen avec des temples, un palais et des inscriptions et, à 60 km, un intéressant château du XVIIe siècle.

NEMRUT DAGI

Nemrut Dagi est le site de l'extraordinaire sanctuaire funéraire érigé il y a 2 000 ans par le roi Antiochus Ier de Commagène, le plus célèbre souverain d'un pays qui englobait les actuelles régions d'Adiyaman, Maras et Gaziantep.

Les monarques de Commagène étaient déifiés, et se considéraient eux-mêmes comme des dieux. Antiochus, plus mégalomane que tout autre, fit ériger un groupe de statues monumentales assises sur des trônes au sommet d'une montagne «en commémoration de ma propre gloire et de celles des dieux». Des armées d'esclaves durent peiner pendant des années pour hisser les énormes blocs de pierre jusqu'au sommet. Au fil des siècles, ces colossales statues de 10 m de haut ont beaucoup souffert de l'érosion et des séismes, mais le site est toujours très impressionnant, surtout à l'aube ou au crépuscule.

On se rend à Nemrut Dagi par la ville d'Adiyaman, où l'on peut louer une jeep avec chauffeur, ou du village plus proche de Kahta, où l'on trouve à se loger.

Pour ceux qui préféreraient faire l'ascension en fin d'après-midi, il y a des refuges sommaires sur la montagne elle-même.

Syndicat d'initiative : Atatürk Bulv. P.T.T., Yani 41, Adiyaman (tél (8781) 1008).

• **Accès en Turquie orientale**
Les Lignes Aériennes Turques offrent des vols fréquents depuis Istanbul et Ankara vers différents aéroports de Turquie orientale, dont Diyarbakir et Van.

Par le train, l'Express d'Orient dessert la ligne Istanbul-Erzurum-Kars, et aussi la ligne Istanbul-Mus-Tatvan, le ferry continuant jusqu'à Van.

Il existe aussi des cars bon marché depuis Istanbul et Ankara, vers les principales villes de la région.

LA NATURE

Faune et paysages

La Turquie est aussi riche en animaux sauvages qu'elle est imprégnée d'histoire. Bien qu'elle ait connu ces trois derniers siècles plusieurs cultures et civilisations, la nature est remarquablement préservée.

Seulement 3% du pays est européen, mais on y trouve pourtant les mêmes espèces végétales et animales que dans les pays voisins, comme la Grèce. Pourtant, certains oiseaux ne s'aventurent guère à l'ouest de la rive asiatique du Bosphore. Pour les oiseaux migrateurs, qui sont des millions chaque année à survoler la Turquie, ce détroit entre Europe et Asie est un lieu stratégique.

Le paysage est extrêmement varié. Au printemps, les côtes des mers Noire et Egée sont une féerie de couleurs. L'intérieur du pays est dominé par le plateau anatolien, dont certaines parties sont assez hautes pour être enneigées. Les longues pentes boisées sont le refuge des loups et des ours, en voie d'extinction dans les autres pays européens.

Le pin d'Alep, à la forme caractéristique, est très répandu sur la côte turque

LA NATURE

Mer et littoral

La côte, encore très préservée, était encore récemment ignorée des touristes. Elle est en général accidentée et montagneuse, souvent boisée, et sablonneuse entre les promontoires rocheux. Fort heureusement, les plus beaux sites sont protégés par le statut de parc national. La péninsule de Dilek, sur la mer Egée, proche d'Ephèse et d'Izmir, est splendide. Son relief accidenté, qui s'élève jusqu'à 1 200 m au dessus du niveau de la mer, est le paradis des oiseaux de proie, et de mammifères rares comme le chacal, la hyène, le sanglier et le porc-épic. Il y a même des léopards à Dilek, mais il est très difficile de les approcher.

Le parc national d'Olympos-Bey Daglari protège une bande côtière à l'ouest du golfe d'Antalya. Des montagnes hautes de 2 000 m et couvertes de pins de Calabre forment l'étonnant décor des plages de sable. On peut y voir des vols de puffins, puffins cendrés et souvent une petite variété méditerranéenne du puffin de Manx, le puffin du Levant.

A certaines époques de l'année, il y a beaucoup de mouettes sur les côtes. A la saison des amours, les mouettes pygmées et les mouettes mélanocéphales ont de petits capuchons noirs et les ailes blanches. On peut facilement les distinguer à cause de la différence de taille, et parce que la mouette pygmée a le dessous des ailes presque noir. Quelques goélands railleurs, dont la tête reste blanche toute l'année, sont parfois visibles. En les approchant de près, on

On voit souvent des goélands railleurs sur les côtes turques

remarquera leurs yeux très clairs.

En avril, les broussailles de la côte, où hélianthèmes et lavande de rocher rivalisent pour attirer les papillons, sont extrêmement colorées. Les lézards et les serpents hantent silencieusement les broussailles, mais la tortue à ergot est très bruyante.

Istanbul et ses environs

L'étroit chenal du Bosphore, aujourd'hui enjambé par un pont, sépare l'Europe de l'Asie. Ses eaux débouchent au nord dans celles de la mer Noire, et au sud-ouest dans la Méditerranée par la mer de Marmara. Le Bosphore est un lieu stratégique pour le commerce, mais aussi pour les oiseaux de mer.

L'atmosphère cosmopolite d'Istanbul attire les touristes, mais aussi les oiseaux. Les martinets alpins au plumage noir et blanc s'y égosillent, tandis que les pigeons palmiers picorent les miettes et les graines. Cette petite espèce de pigeon est très répandue en Afrique, et Istanbul est leur avant-poste le plus septentrional. Les milans noirs, éternels charognards des climats chauds, sont partout. On les voit souvent fondre vers un trottoir pour s'emparer de quelque nourriture, ou rassemblés près des marchés.

Istanbul est aussi sur le chemin des migrations entre l'Afrique et l'Europe du Nord ou l'Asie. Les parcs de la ville et des environs servent souvent de perchoirs aux oiseaux fatigués par une longue étape.

Gobe-mouches, fauvettes et même loriots jaunes sont très communs, et les pics de Syrie nichent dans les trous des arbres et picorent les insectes de l'écorce.

Dans la campagne du nord-ouest de la ville, parfois cultivée, paissent les troupeaux de chèvres. Les clôtures et les lignes électriques sont le perchoir idéal des faucons à pattes rouges, de quelques crécerelles, pies-grièches et autres guêpiers. Leur œil perçant est à l'affût du moindre mouvement, qui trahirait la présence d'un insecte ou d'un lézard. Les geckos de Turquie, qui peuplent les broussailles, en sont souvent victimes.

Le survol du Bosphore

La position privilégiée d'Istanbul est à l'origine de sa prospérité économique, mais aussi de son importance écologique comme plaque tournante des migrations. Au printemps et à l'automne, des millions d'oiseaux survolent Istanbul, en

Malgré leur camouflage, les geckos se font souvent attraper

Le faucon à pattes rouges est le plus répandu des oiseaux de proie

provenance ou en direction de leurs hivernages africains. La concentration dans la région des grands oiseaux de proie et des cigognes s'explique aisément : la plupart des grands oiseaux voyagent de jour, en utilisant les ascendances thermiques pour prendre de l'altitude, ce qui leur permet de planer sur de longues distances en économisant leurs forces. Ils évitent le plus possible les mers, qui génèrent très peu d'ascendances. L'étroit isthme du Bosphore est donc un passage privilégié entre la Méditerranée et la mer Noire. Aussi, en automne et au printemps, les oiseaux se rassemblent-ils au-dessus des côtes, pour prendre de l'altitude avant la traversée. Le spectacle de ces milliers d'oiseaux en vol est inoubliable.

On peut le voir un peu partout autour d'Istanbul, mais les collines de Camlica sur la rive asiatique du Bosphore sont généralement considérées comme le meilleur observatoire. De mars à mai, les cieux sont pleins d'éperviers et de buses, de milans et d'aigles, de faucons et de crécerelles, de busards et de cigognes. On peut assister au même spectacle en automne, d'août à octobre, mais bien sûr dans le sens inverse. Bien que les migrations d'automne soient plus étalées dans le temps que celles de printemps, le nombre des oiseaux est considérablement augmenté par les jeunes de l'année.
Si possible, arrangez-vous pour arriver aux collines de Camlica juste après l'aube. Vous ne verrez tout d'abord que les oiseaux des espèces locales, et quelques petits migrateurs. Mais lorsque

les rayons du soleil levant auront réchauffé le sol, les ascendances feront leur apparition, donnant le signal de l'envol aux hordes d'aigles et de cigognes.

Collines et montagnes

L'essentiel du centre de la Turquie est dominé par le plateau montagneux anatolien, dont certaines parties sont extrêmement sauvages. La majeure partie du plateau est à 1 000 m d'altitude, et certaines zones sont beaucoup plus hautes. Le Bolkar Dag, à l'est d'Antalya, s'élève à 3 000 m, tandis que le mont Ararat ou Agri, où se serait échouée l'Arche de Noé, culmine à plus de 5 200 m à la frontière soviétique.

Bien que les régions les plus fascinantes soient en général inaccessibles, certaines zones comme celle du lac de Kovada à l'extrémité occidentale du Taurus ont reçu le statut protecteur de parc national.

Proches de la côte, les zones boisées sont beaucoup plus fraîches que le littoral, et les chênes et les pins de Calabre y abritent chevreuils, loups et sangliers. Bien qu'en voie d'extinction à force d'être chassés, quelques ours bruns d'Europe ont survécu dans la région. Hélas, on voit toujours quelques spécimens dressés pour exécuter la «danse de l'ours», si dégradante pour ces magnifiques plantigrades.

Les pentes découvertes sont le paradis des aigles dorés aux ailes immenses, qui planent majestueusement au-dessus des terrains accidentés. Bien qu'ils se nourrissent parfois de charognes, ils chassent souvent les chukars, sortes de perdrix locales. Quant aux vautours, ils se nourrissent presque exclusivement de charognes. Dans les régions les plus sauvages, on peut voir des vautours griffons, noirs ou d'Egypte.

Les ravins et les gorges sont le repère des merles de roche. Les merles bleus au plumage ardoise sont bien pâles en comparaison des merles de roche mâles aux couleurs vives. Malgré leur éclat, ces derniers ne se repèrent que lorsqu'ils s'envolent, dévoilant leur croupion blanc. Dans les gorges les plus inaccessibles, à l'approche des neiges, on peut voir des tétras de la Caspienne, espèce particulière à la région, vivant au-dessus de 2 000 m. Lorsqu'on les surprend, ils remontent la pente en courant ou s'élancent en planant au-dessus du vide.

Forêts

La Turquie est très boisée. Dans le centre du pays, les forêts contribuent à tempérer les excès climatiques, procurant aux promeneurs et à la faune de la fraîcheur l'été, et un abri l'hiver. Les régions côtières et les contreforts montagneux sont couverts de chênes, de noisetiers, de platanes et de hêtres, tandis que pins et sapins préfèrent l'altitude.

Dans les environs d'Istanbul, sur la rive européenne du Bosphore, s'étend la forêt de chênes et de frênes de Belgrade, où volent les papillons Cléopâtre, orange et jaune vif. Au printemps, le chant des rossignols, des loriots et des fauvettes à tête noire anime la forêt, mais il est plus facile de les entendre que de les voir.

Les buses à miel nichent au faîte des arbres. On peut les voir en début de saison, juste après leur retour d'Afrique, lorsqu'elles planent en altitude, dévoilant leurs ailes rayées si caractéristiques. Comme leur nom l'indique, elles s'attaquent aux ruches des abeilles et des guêpes sauvages dissimulées dans le sol. Au bord des allées forestières, on peut apercevoir les trous qui signalent des ruches dévastées. En fait, les buses ne se nourrissent pas de miel mais des larves des insectes. Au-dessus des bois, elles volent souvent en compagnie de hobereaux, qui attrappent de façon acrobatique les insectes au vol. Sur le plateau anatolien et les monts Taurus, sur la côte méridionale de la Turquie, on trouve encore de très belles forêts malgré les ravages du défrichement. Le parc national de Yedigoller, situé entre 700 et 1 500 m d'altitude, est occupé par une forêt de conifères et d'arbres à feuilles caduques. On y trouve des cervidés et des sangliers, et même quelques loups et ours bruns. Les pics de Syrie nichent dans les branches basses des arbres, tandis que les aigles tournoient dans les courants en ascendance. Ces oiseaux de proie attrapent les reptiles, et l'on peut parfois les voir s'envoler, un serpent entre les serres.

Il reste quelques ours bruns d'Europe dans les régions boisées

Terres cultivées

En Turquie, les régions agricoles sont le régal des botanistes. Les cultures étant extensives et les désherbants rarement utilisés, les prétendues mauvaises herbes, qui ne sont plus qu'un souvenir sous d'autres cieux, y abondent. Au printemps et en été, les soucis et les bleuets, les coquelicots et les bourraches déploient leur palette de couleurs et font la joie des abeilles et des papillons. S'il y a des vergers dans le voisinage, apparaissent les machaons blancs veinés de noir, espèce de papillons dont les chenilles se nourrissent des feuilles des arbres fruitiers.

On trouve beaucoup d'oliviers en Turquie, et l'on voit souvent de vieilles oliveraies aux arbres noueux et tourmentés. Leurs feuillages accueillent des colonies de fauvettes, des oliviers,

La forêt est le domaine du pic de Syrie

plus grosses que les fauvettes communes, dont les cris sont particulièrement sonores. Les pies-grièches masquées, dont le chant ressemble étrangement à celui des fauvettes, sont également fréquentes dans les oliveraies et les vergers. Ces élégants oiseaux insectivores sont très rares, et la Turquie est certainement leur terre de prédilection.

Les chèvres qui broutent parfois dans les vergers et oliveraies sont souvent responsables de la destruction du sol. Si leur présence nuit à beaucoup d'animaux et de plantes, en revanche elles sont fort appréciées des pipits et des alouettes. Les pipits rousselines au plumage sable et les alouettes calandrelles cherchent côte à côte des insectes dans le sol dévasté. En Turquie comme ailleurs, les lignes téléphoniques et électriques servent de perchoir à quantité d'oiseaux : guêpiers colorés et rolliers bleu vif utilisent ces observatoires artificiels pour repérer les insectes et autres petits animaux. Les guêpiers préfèrent attraper au vol les abeilles et les libellules tandis que les rolliers se précipitent sur les sauterelles et les petits lézards. Ils côtoient sur les fils des bruants à tête noire, oiseaux jaune vif à la tête couronnée de noir qui signalent leur territoire de leurs chants monotones.

Terrains découverts

Des siècles de déboisement et d'élevage de chèvres ont fini par dénuder certaines parties du terrain. Pendant la plus grande partie de l'année, le paysage est de couleur brunâtre, et seules quelques broussailles persistantes en atténuent la monotonie.

Pourtant au printemps, l'aspect du terrain est ravivé par des plantes colorées, l'asphodèle, la jacinthe et plusieurs variétés d'orchidées. Le printemps est également la saison idéale pour voir les reptiles. Les lézards se dorent sur les pierres au soleil matinal et les tortues avancent bruyamment à travers la végétation. Les femelles creusent le sol sablonneux pour y déposer leurs œufs qui seront couvés par la chaleur de la terre.

Les terres arides sont le repère favori des traquets, petits oiseaux qui sautillent sur le sol et qui découvrent en vol leur croupion blanc. De nombreuses espèces de migrateurs traversent la Turquie mais deux d'entre elles s'arrêtent sur ce terrain découvert pour se reproduire. Le corps clair des tra-

Une petite ferme turque typique

quets oreillards contraste avec leurs ailes et leurs joues noires et quelques mâles arborent fièrement une gorge noire.

Le traquet isabelle, au plumage uniformément beige, aux pattes plus longues que les autres traquets, est très commun en Turquie asiatique, mais quasi inexistant sur l'autre rive du Bosphore. Comme son cousin oreillard, il doit se méfier des prédateurs comme l'épervier à pieds courts, qui vole en rasemottes pour mieux surprendre sa proie.
Dans les coins les plus reculés, les chacals hantent toujours la campagne. Ils sont très farouches mais on peut parfois les apercevoir au loin et entendre leurs hurlements plaintifs. Les buses féroces qui peuplent ce pays désolé survolent le paysage tourmenté en utilisant les ascendances. Au niveau du sol,

les serins à front rouge, à tête noire couronnée de rouge habitent les versants broussailleux. Ces deux espèces typiquement asiatiques sont inconnues en Europe.

Lacs et marécages
La côte nord-ouest de Turquie asiatique possède de grands lacs facilement accessibles depuis Istanbul. Le plus occidental de ces lacs est le lac Manyas, au sud de Bandirma, dont la rive nord-est est maintenant un parc naturel. Ce lac n'est qu'à 10 m au-dessus de la mer. Au milieu des roseaux nichent de nombreux hérons et aigrettes. Les saules hébergent des colonies de cormorans nains, de palettes et d'ibis, qui font leur nid entre mai et juin. On voit souvent les ibis chercher leur nourriture dans la vase des berges. En vol, leur grosse tête est très reconnaissable. Au lac Iznik, au sud-ouest d'Izmir, les oiseaux sont très

nombreux. Au milieu des grandes étendues de roseaux, les rainettes coassent toute la journée, apparemment sans se soucier de la chaleur du soleil. Soigneusement dissimulés, les hérons pourprés et les butors élèvent leurs petits. On ne peut les voir que lorsqu'ils prennent leur envol. Le poisson qui abonde dans les eaux peu profondes constitue une nourriture de choix pour ces grands oiseaux. Les pélicans blancs et les pélicans frisés glissent gracieusement en eau découverte et de temps en temps emplissent d'eau leur large bec.

Très proches de la route des migrations à travers le Bosphore et proches de la mer, les lacs de la Turquie du Nord-Ouest sont d'importantes escales pour les migrateurs. Au printemps, les sternes s'y arrêtent pour se reproduire, et les cigognes pour y reprendre des forces. En automne, lorsque les lacs ont été partiellement asséchés par le soleil d'été, ils attirent les échassiers. Les paons de mer, les chevaliers et les practicoles s'ajoutent aux nombreux pluviers en train de faire leur nid. Un peu plus loin sur la côte, les rivières qui se jettent dans la mer créent souvent des mares et des marais. Bien que plus petits que les lacs proches d'Istanbul, ils accueillent une faune très intéressante. Lorsque les sites sont tranquilles, les grenouilles y attirent des hérons et des aigrettes, et durant le printemps et l'automne, des migrateurs y atterrissent à tout moment.

Le parc national d'Uludag
Au sud de la ville de Bursa en Turquie asiatique du Nord, le parc national d'Uludag couvre les pentes méridionales du mont Uludag. Ce territoire commence à 500 m d'altitude et monte jusqu'au sommet, à plus de 2 500 m. Fort heureusement une route en zigzag traverse la zone, où s'étagent tous les systèmes écologiques de Turquie, du maquis méditerranéen à la limite des neiges.

Dans la partie inférieure, près des terres cultivées, poussent la lavande, les hélianthèmes et les chênes kermès dont les feuilles ressemblent à du houx miniature. Cette végétation égaie le paysage, là où les chèvres n'ont pas tout détruit. Des espèces colorées de la famille des orchidées, aux fleurs veloutées roses et brunes, poussent sur les terrains les plus dénudés. Les mantes volantes sont particulièrement actives au crépuscule : on les reconnaît facilement à leur vol indolent et élégant, et à leurs ailes en forme de serpentins. Les pics de Syrie explorent l'écorce des arbres ou, parfois

Les marais sont le domaine de batraciens comme la grenouille

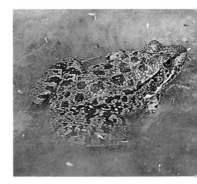

même, les poteaux télégraphiques tandis que les pies-grièches écorcheuses et les bruants nichent dans les broussailles.

En montant, la route traverse différentes zones boisées de hêtres, de lauriers, de noisetiers, de sapins et de pins. Ces différentes essences attirent beaucoup d'oiseaux des bois, des fauvettes aux pics noirs. Les oiseaux de proie nichent au faîte des grands arbres et s'élancent dans les airs pendant la journée. Les bois sont également le refuge de mammifères comme l'ours brun, le sanglier, le chacal et le loup, qui ne s'aventurent guère à la découverte avant la tombée de la nuit.

Uludag est aussi une station de sports d'hiver et près du sommet, des hôtels, des téléskis et des téléphériques témoignent de sa popularité. Malgré ces inconvénients, des ravins et des rochers inaccessibles permettent aux merles de roche et aux moineaux souleies de vivre et de se reproduire et l'on aperçoit souvent des alouettes et des accenteurs alpins.

Le ciel au-dessus de la montagne est le domaine des vautours et des aigles. Les vautours griffons s'élèvent le matin avec les premières ascendances, et leurs grandes ailes leur permettent de planer pendant des heures. On voit souvent des aigles dorés et des aigles de Bonelli, ces derniers sont remarquables par leurs brutales accélérations.

Les tortues

La Turquie est l'un des derniers pays méditerranéens accueillant une population de tortues de mer. La civilisation et les nuisances touristiques les ont obligées à déserter le reste de l'Europe, à l'exception des îles reculées, et l'on se demande, avec la progression du tourisme turc, combien de temps encore elles pourront tenir. Le problème de ces tortues est qu'elles ont l'habitude de pondre sur les plages sablonneuses qui attirent aujourd'hui les touristes. Bien qu'elles fréquentent les sites la nuit lorsque les plages sont censées être désertes, la moindre présence humaine peut les faire refluer vers la mer sans avoir déposé leurs œufs. Ces œufs, couvés dans le sable pendant près de deux mois sont également vulnérables aux piétinements et aux trous dans le sable, et si l'on veut sauver les tortues, il faudra bien interdire certains sites critiques à l'homme. La plage de Dalyan, près de Fethiye au sud-ouest de la Turquie, est aujourd'hui la seule grande plage de ponte du pays. Elle reçoit la visite d'environ 300 animaux chaque année. C'est le deuxième site de Méditerannée, après l'île grecque de Zakynthos.

Les défenseurs de l'environnement ont réussi à convaincre les autorités turques que le site était d'une telle importance qu'il devait être préservé, et la plage et ses environs ont récemment été décrétés secteur protégé. Espérons que les autorités se rendront compte de l'intérêt économique de la présence des tortues : avec des aménagements adéquats, on pourrait faire en sorte que les gens puissent observer la ponte de loin, sans déranger les animaux.

*L'élégante mante volante habite
les versants rocheux et les fermes
à l'abandon*

Pendant la saison des pontes, on peut souvent voir des tortues nager au large ou dans les criques. Sur les plages, elles sont à peine capables de traîner leurs lourdes carapaces, mais dans l'eau elles évoluent aussi vite et aussi gracieusement que les oiseaux dans les airs.

Le waldrapp

La petite ville de Birecik, sur le bord de l'Euphrate et proche de la frontière syrienne, est le dernier refuge du waldrapp, ou ibis chauve, de toute l'Eurasie. La colonie, qui niche sur les falaises à proximité du village, est en danger d'extinction.

Ces oiseaux passent le printemps dans les environs, et se nourrissent dans les marais du voisinage. Dès le mois de juillet, ils se dispersent pour aller hiverner au Moyen-Orient et en Afrique.

Il est désormais interdit de les chasser, mais ils sont menacés par l'utilisation des pesticides. En 1984, il n'en restait plus que 13. La même menace pesant sur les colonies du Maroc et de l'Algérie, il n'en reste au total que quelques centaines. L'avenir de cet étrange oiseau qu'on retrouve dans les hiéroglyphes égyptiens est bien compromis, mais on espère sauver l'espèce dans les parcs zoologiques, où elle semble se reproduire facilement.

Les ressources naturelles

Les grandes différences climatiques mais aussi du relief et de la nature des sols déterminent une certaine variété dans le choix des cultures. Tandis que le plateau anatolien se consacre surtout aux cultures vivrières et céréalières, on trouve dans d'autres régions des produits subtropicaux.

Sur la terre ferme les tortues marines sont très vulnérables

Les céréales viennent en première position (la Turquie se place au 7e rang mondial pour la culture du blé). On trouve par ailleurs les betteraves à sucre, le riz, les fruits (pommes, figues, oranges, abricots...), les pommes de terre (15e rang mondial), les tomates, le maïs, la vigne, le thé, le tabac, les fruits secs (amandes, pistaches, figues, raisins, noisettes).

Climat et relief sont propices à l'élevage. Le cheptel est composé de 40 millions de moutons (plaçant la Turquie au 5e rang mondial), 11 millions de chèvres, 12 millions de bovins et 61 millions de poulets.

La population agricole de la Turquie représente la moitié de la population active, quant à la superficie des terres cultivées, elle recouvre près de 40% du pays.

Le sous-sol de la Turquie reste encore insuffisamment exploité, compte tenu de sa richesse. Le lignite est en tête avec (en 1986) 37 millions de tonnes, la quantité de pétrole produite est de 2,4 millions de tonnes. La Turquie est dans l'obligation d'importer 50% de son énergie. On trouve par ailleurs de l'uranium, du manganèse, du sulfure, de l'antimoine, du chrome, du zinc.

LA GASTRONOMIE

La Turquie a une séduisante gastronomie. Elle est fraîche et nourrissante, avec beaucoup de céréales et de légumes secs souvent préparés avec un délicieux yogourt crémeux. Il n'est pas nécessaire de connaître le turc pour apprécier la cuisine locale, puisque dans la plupart des établissements modestes il suffit de montrer du doigt le plat qui vous tente dans la vitrine, ou même de vous aventurer dans la cuisine pour faire votre choix. L'agneau est la viande de base de la cuisine turque, soit à la casserole, soit sous forme de *sis kebab* — brochettes grillées au charbon de bois — ou de *döner kebab*, servi dans un pain pita. Le poisson, dont le prix dépend de la taille, est en général pêché le jour même. Le *barbunya* (mulet rouge), le *kilic baligi* (espadon), le *lufer* (thon bleu), le *kalkan* (turbot) et le *levrek* (bar) sont les plus savoureux. Les fameux *meze* — ou hors d'œuvres — sont des *dolma*, légumes tels que les aubergines et les poivrons, les feuilles de vigne et de chou farcis de riz, de pignons et de baies. Les *zeytinyagli* sont des légumes froids à l'huile d'olive tel que le *iman bayildi*, plat d'aubergines far-

Le poisson est cuit avant même d'être débarqué sur le port d'Istanbul

cies de tomates poêlées, d'oignons et d'ail. Les *boreks* sont de délicieux petits pâtés remplis de viande ou de fromage.

Les desserts sont en général à base de lait, comme le *sutlaç* (gâteau de riz), ou sont des pâtisseries au sirop, comme les *baklavas* (fourrés de noisettes au sirop) et le *tel kadayif* (flocons de blé aux noisettes). Et si les autres sucreries, comme les *hanim gobegi* (nombrils de dame), et les *dilber dudagi* (lèvres de beauté) ne vous tentent pas, vous pourrez vous consoler avec les raisins, les pêches, les abricots, les figues ou les melons frais.

Au coin des rues, de jeunes Turcs vendent des petits pains ronds, les *simits*, saupoudrés de graines de sésame, les marchands de sandwiches préparent leurs spécialités sous vos yeux, et d'autres vendeurs proposent des épis de maïs et une grande variété de pâtisseries turques.

Les boissons alcoolisées les plus appréciées sont la bière légère turque, les excellents vins rouges et blancs et le *raki,* boisson nationale anisée, surnommée «lait de lion» car un nuage se forme quand il se mêle à l'eau. L'*ayran*, boisson sans alcool à base de yogourt et de jus de fruits, est très populaire.

ACHATS

Presque toutes les villes et les stations balnéaires de Turquie offrent une large gamme de produits. Il y a beaucoup de boutiques modernes, de bazars bigarrés et de marchés découverts où il est conseillé de marchander. Les objets artisanaux en cuivre, les pipes d'écume, les bibelots d'onyx et d'albâtre feront d'excellents souvenirs ; le prix des porcelaines et des céramiques peintes à la main — assiettes décorées et carreaux ornementaux — est très avantageux. Mais les tapis aux motifs entrelacés sont peut-être les souvenirs les plus évocateurs de la Turquie (*kilims* tissés, *cicims* brodés et carpettes en peau de chèvre).

Les articles en cuir, particulièrement les vestes et les manteaux, sont très bon marché quoique de qualité variable, et les vêtements de coton à la mode européenne sont très intéressants. Les touristes apprécient baucoup les tee-shirts dont le motif imite la griffe des grands couturiers.

Les bijoux d'or et d'argent se vendent souvent au poids, et vous pouvez acheter des bagues et des bracelets ornés de pierres précieuses ou semiprécieuses, comme la turquoise, et des bijoux traditionnels ornés d'ambre et d'agate.

HÉBERGEMENT

Le tourisme étant relativement récent en Turquie, la capacité d'hébergement n'est pas suffisante, et le confort laisse parfois à désirer. En général, les vieux hôtels et les pensions seront meublés d'un lourd mobilier traditionnel et n'auront pas forcément d'écoulement dans la douche (un simple trou au milieu de la pièce en tiendra lieu). Leur confort est très fruste. Dans les hôtels, les chambres à plusieurs lits sont des chambres à deux lits encombrés de lits supplémentaires pliants, souvent défoncés.

VIE NOCTURNE

La Turquie n'est pas particulièrement réputée pour sa vie nocturne, mais le développement récent du tourisme a entraîné l'ouverture de nombreuses discothèques dans la plupart des stations touristiques, et la multiplication des spectacles folkloriques avec danse du ventre. Istanbul et Ankara sont riches en night-clubs où l'on mange très bien et où l'on propose des spectacles. En dehors de ces établissements, l'un des principaux divertissements nocturnes est le dîner dans les restaurants en plein air, souvent agrémenté par un orchestre local.

ÊTRE TURC

Pour participer à la vie quotidienne, soyez au courant des nouvelles locales. Si vous comprenez l'anglais, vous pourrez vous informer en achetant régulièrement le *Turkish Daily News*. L'hospitalité est très importante pour les Turcs. On se salue en se serrant la main. Il convient de respecter les coutumes islamiques pour ne pas offenser les gens : on peut s'habiller décontracté, mais il est déconseillé de circuler en maillot de bain hors des plages et des piscines ; pendant le ramadan, il est préférable de restreindre sa consommation d'alcool. Il est interdit de fumer dans les bus et les *dolmus*. La mosquée est ouverte aux visi-

Le festival annuel d'Ephèse se tient en partie dans le grand théâtre

teurs, mais on ne peut y pénétrer qu'en chaussettes ou avec les patins de feutre fournis à l'entrée. Pour être respecté par les autochtones, vous devez absolument marchander. Les Turcs adorent ça, et personne ne se formalisera si vous n'achetez rien.

FESTIVALS ET ÉVÉNEMENTS

Janvier
Festival des combats de chameaux, Selçuk

Avril-mai
Festival international des arts, Ankara
Festival d'Ephèse, Selçuk

Mai
Festival international de musique et de folklore, Silifke

Juin
Semaine de la culture et des arts Atatürk, Amasya
Festival de Marmaris
Festival de Pergame
Festival marin de Çesme
Festival de tourisme et de culture d'Ilhara, Aksaray

Juin-juillet
Festival international d'art et de culture d'Istanbul
Combats de lutteurs, Edirne
Festival international d'Izmir

Juillet
Festival international d'art et de culture de Bursa
Festival de folklore international, Samsun
Festival de la céramique, Kutahya

Août
Festival de Troie, Çanakkale

Septembre-octobre
Festival et foire internationaux, Mersin
Festival international méditerranéen de la chanson, Antalya

Décembre
Festival Saint-Nicolas, Demre
Cérémonie commémorative de Mevlana, Konya

CLIMAT

La Turquie est un vaste pays, ce qui explique les énormes variations climatiques. Les côtes méditerranéenne et égéenne jouissent d'un climat agréable toute l'année, mais il faut se méfier des pointes de température en été, et s'exposer très progressivement au soleil. La côte méditerranéenne est plus chaude et plus humide que la mer Egée. La région de la mer Noire est plus fraîche et plus arrosée. Il n'est pas conseillé de visiter la Turquie centrale en hiver, à cause des températures glaciales.

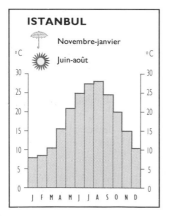

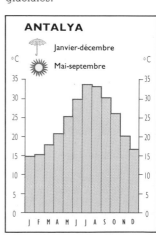

RENSEIGNEMENTS PRATIQUES DE A à Z

Arriver en Turquie

Par avion
De nombreuses compagnies aériennes proposent des vols réguliers directs pour Ankara et Istanbul, d'où les correspondances pour les principales régions touristiques sont nombreuses. Le nombre de charters affrétés pour la Turquie augmente d'année en année, surtout vers les aéroports d'Izmir, de Dalaman et d'Antalya, qui desservent les stations balnéaires en rapide développement des côtes égéenne et méditerranéenne.

Par bateau
Beaucoup de compagnies maritimes étrangères proposent des croisières en Méditerranée faisant escale en Turquie, et assurent également un service régulier pour les ports d'Istanbul, Izmir, Kusadasi et Bodrum. **Car-ferries** : les Lignes Maritimes Turques fonctionnent régulièrement entre le 1er avril et le mois d'octobre. La liaison Mersin-Magosa (République turque de Chypre du Nord) est assurée 3 fois par semaine, toute l'année. Il existe également une ligne Chypre-Tasucu (près de Silifke).

Par le train
Des départs pour Istanbul ont lieu régulièrement depuis les principales villes européennes (Paris, Venise, Munich, etc.).

L'arrière-plan de la station d'Olü Deniz est spectaculaire

Vous n'avez peut-être jamais vu un vendeur de pain comme celui-ci, proposant sa marchandise devant une mosquée de Konya

L'intérieur du pays est desservi par un réseau efficace. Muni d'un bon indicateur horaire, vous pourrez donc parfaitement vous déplacer en train.

Par la route

Se rendre en Turquie en voiture depuis les pays d'Europe occidentale n'est pas une mince affaire, non seulement à cause de la longueur du trajet, mais aussi des infernales routes yougoslaves. Il y a essentiellement deux routes : celles du nord (1) par Nuremberg, Linz, Vienne, Budapest et Belgrade, ou (2) par Stuttgart Munich, Salzbourg, Ljubiana, Zagreb, Belgrade, et après Belgrade : Nis, Sofia, Edirne et Istanbul ; la route du sud : Genève, Venise, Ljubiana, Belgrade, Sofia, Istanbul. De l'Adriatique, on peut prendre un car-ferry pour Istanbul, Izmir et Kusadasi.

Ambassades

En France : 16, avenue de Lamballe, 75006 Paris, tél. 45 24 52 26.
En Turquie : Paris Caddesi 70, Kavaklidere, Ankara, tél. (4) 26 14 60.

Automobiles

Les autos, les minibus, les caravanes et les bateaux tractés peuvent séjourner 3 mois en Turquie sans carnet de passage. Le véhicule est simplement enregistré sur le passeport du propriétaire. Pour des séjours plus longs, il faut demander un formulaire à l'Association Automobile et Touristique Turque. Si vous voulez visiter un autre pays que la Turquie sans votre véhicule, il doit obligatoirement être conduit au service des douanes *(Gumruk Mudurlugu)* pour annulation de l'enregistrement. Sinon vous ne pourriez quitter le pays.
Circulation : on roule à droite, et le code de la route est le code européen. En dehors des villes, le trafic est relativement fluide. Seule la route Istanbul-Ankara est assez chargée.
La vitesse est limitée à 50 km/h en ville, et à 90 km/h ailleurs.
Carburant : son prix est très bas, mais très variable selon la proximité des raffineries. On trouve partout du super, sauf dans les coins reculés. Les stations-service sont nombreuses, et sur les grandes routes, elles sont assorties de boutiques et de restaurants, elles sont ouvertes 24 h sur 24.
Signalisation : les panneaux turcs sont conformes à la réglementation internationale. Des pancartes jaunes indiquent les

sites archéologiques et historiques.

Assurance : il faut avoir soit une carte verte internationale valable pour la Turquie asiatique et européenne, soit une assurance au tiers turque, qu'on peut souscrire aux postes-frontière.

En cas d'accident : qu'il y ait des blessés ou non, il faut que la police dresse un constat. Si vous faites partie d'une association automobile, l'Association Automobile et Touristique Turque *(Turkiye Turing ve Otomobil Kurumu)* s'occupera des réparations et enverra la facture dans votre propre pays. Si vous avez un carnet d'assistance AIT ou FAI, l'Association Automobile et Touristique Turque prendra en charge les frais de transport de votre véhicule endommagé jusqu'à chez vous, *via* la douane.

S'il est nécessaire après un accident de laisser un véhicule en Turquie pour des réparations, il doit être remis à la douane pour que son inscription sur votre passeport soit annulée. Sans cette annulation, il n'est pas possible de quitter le pays. En laissant un véhicule à la douane, précisez bien qu'il s'agit d'une mesure provisoire ; en effet tout véhicule non réclamé au bout de trois mois est considéré comme abandonné. Si votre véhicule doit être abandonné, il doit être conduit au bureau des douanes le plus proche. S'il n'y en a pas, il faut contacter l'autorité administrative locale *(Mulki Amirlik)* pour le faire envoyer aux douanes. Ce service pourra annuler l'inscription du passeport.

En cas de vol, vous devez obtenir un certificat du gouverneur de la province *(Vali)* pour pouvoir quitter le pays.

Bains turcs

L'islam insistant beaucoup sur la propreté, il y a des bains publics en Turquie *(hammam)* depuis le Moyen Age. Les deux sexes sont séparés, et lorsqu'il n'y a qu'un seul bain dans une ville, il y a des jours pour les hommes et des jours pour les femmes. Après l'entrée dans le *hammam,* on laisse ses affaires au vestiaire, et on se dirige, drapé d'une serviette, vers une grande pierre chauffée où vous attend un masseur. Si vous avez trop chaud, vous pouvez aller vous rafraîchir dans une autre pièce. Beaucoup de *hammams* sont architecturalement très intéressants.

Cartes de crédit

La plupart des cartes de crédit internationales sont acceptées dans les villes et les stations balnéaires, mais pas forcément dans les petits restaurants et hôtels. Il est plus prudent d'emmener des chèques de voyage, des Traveller's Cheques ou des devises étrangères, que vous pourrez facilement échanger dans toutes les banques.

Banques : ouvertes en semaine de 8 h 30 à 12 h et de 13 h 30 à 17 h. Fermées les samedis, dimanches et jours fériés.

Criminalité

Dans les zones rurales, l'ordre public n'est pas assuré par la police — qui opère en civil — mais par la *jandarma* (gendarmerie). Omniprésente, elle a un effet dissuasif certain. La police opère en zone urbaine. Il est formellement déconseillé d'importer des stupéfiants en Turquie, ou d'en acheter sur place. Les pickpockets et voleurs à l'arraché sont rares, mais il vaut mieux faire attention à vos papiers et à votre argent lorsque vous vous promenez.

Electricité
Le courant est en 220 volts, et les prises sont en général conformes au standard européen, à deux fiches rondes.

Heure
L'heure turque est en avance de deux heures par rapport à l'heure GMT, et de 1 heure par rapport à l'heure française.

Horaires d'ouverture
Administrations : 8 h 30 - 12 h 30, 13 h 30 - 17 h 30. Fermées le samedi et le dimanche.
Boutiques : 9 h 30 - 13 h, 14 h - 19 h, fermées le dimanche.
Bazar couvert d'Istanbul : 8 h 30 - 19 h, fermé le dimanche.
Musées : la plupart des musées turcs sont ouverts tous les jours sauf le lundi, mais il vaut mieux vérifier avant. Les palais sont ouverts tous les jours sauf le lundi et le jeudi. Le palais de Topkapi à Istanbul ferme le mardi.

Jeunes et étudiants
Les jeunes et les étudiants voyageant avec les cartes ISTC, INTERAIL, BIGE et YIEE peuvent utiliser les excellents centres et auberges de jeunesse situés en différents points de la Turquie. Citons :

Près d'un million de Turcs sont encore nomades, surtout l'été ; ceux-ci campent dans la montagne près du lac de Van, à la frontière iranienne

Centre étudiant Topkapi Atatürk, Londra Asfalti, Cevizlibag, Duragi, Topkapi, Istanbul (tél. (1) 5820461) (direction) ; 5820455 (standard). 750 lits.
Auberge de jeunesse Kadirga, Comertler Sokak N° 6, Kumpapi, Istanbul (tél. (1) 5270218) (direction) ; 5282180 (standard). 500 lits.
Auberge de jeunesse et de scoutisme Intepe, Guzelyali Mevkii, Tusan Moteli Yani, Guzelyali 16-26, Çanakkale.
Auberge de jeunesse et de scoutisme Hasanaga, Kucuk Kumla / Gemlik (tél. 289 Kumla, Bursa).
Auberge de jeunesse Cumhuriyet, Cebeci, Ankara (tél. (4) 32201597 (direction) ; 3193634 (standard). 1 058 lits.

Auberge de jeunesse Atatürk Inciralti, 1888 Sok, No 4 Inciralti, Izmir (tél. (51) 152980 / 155077). 750 lits.

Réductions étudiantes : quelques organisations et compagnies turques, comme les Turkish Airlines accordent des réductions aux détenteurs d'une carte ISTC. Les Lignes Maritimes Turques et les Chemins de Fer Turcs accordent par exemple 10% de réduction, les cinémas et les salles de concert 50% et les compagnies d'autocars accordent des réductions similaires.

Jours fériés

Laïques
1er janvier   Nouvel An

23 avril   Journée nationale de l'Indépendance et des Enfants

5 et 6 mai   Fête du Printemps

19 mai Commémoration d'Atatürk, et journée de la jeunesse et des sports

30 août   Jour de la Victoire

29 octobre Journée de la République

Location de voitures
Les locations turques sont bon marché, mais les véhicules proposés sont de qualité douteuse. Plus fiables, les sociétés Hertz, Avis, Budget et Europcar sont présentes dans les aéroports, les villes et les stations touristiques. Une taxe de 10% majore systématiquement le prix à payer. Vous devrez bien sûr montrer votre permis de conduire ; un permis international n'est pas obligatoire, mais peut s'avérer utile.

Monnaie
L'unité monétaire est la livre turque (L.) Les pièces en circulations sont de 5, 10, 25, 50 et 100 livres, et les billets de banque en coupures de 10, 20, 50, 100, 500, 1 000, 5 000, 10 000, et 20 000 livres.
Il n'y a pas vraiment de contrôle des changes, et la seule restriction est l'interdiction d'exporter de Turquie plus de l'équivalent de 1 000 dollars américains. On peut exporter l'équivalent de 3 000 dollars en devises étrangères.
Si vous voulez reconvertir votre argent turc en devises étrangères avant de repartir, gardez vos reçus de change, qui vous seront également utiles pour prouver que vos gros achats (tapis par exemple) ont été faits avec de l'argent changé légalement.

Offices culturels et d'information turcs

France : 102, avenue des Champs-Elysées, 75008 Paris (tél. (1) 45 62 78 68, 45 62 79 84, 45 62 26 10). Télex 290639 turktant.

Belgique : 4, rue Montoyer, 1040 Bruxelles tél. 5138230, 5138239).

Suisse : Talstrasse 74, 8001 Zurich (tél. 2210810 / 12), télex 813752 cotuch.

Offices de tourisme

(Pour les syndicats d'initiative en Turquie, voir à chaque ville ou site).

Pharmacies - voir Santé

Police - voir Criminalité

Poste et téléphone

Les bureaux de poste turcs sont aisément reconnaissables à leurs enseignes jaunes «PTT». Les principaux bureaux de poste sont ouverts de 8 h à minuit du lundi au samedi et de 9 h à 19 h le dimanche.

Les lettres en poste restante doivent être adressées «Posterestant», au bureau de poste central *Merkez Postanesu* de la ville ou de la station touristique de votre choix. Se munir d'une pièce d'identité pour retirer votre courrier.

Appels téléphoniques : pour les appels locaux, interurbains et internationaux, il faut utiliser des jetons. Les cartes téléphoniques sont également utilisables. Pour appeler à l'étranger, faites le 9, attendez la nouvelle tonalité et refaites le 9, avant de composer votre numéro complet.

Pourboires

Les pourboires ne sont pas obligatoires puisque le service est ajouté d'office aux additions. Il est pourtant de coutume de laisser un peu d'argent. Lorsque le service n'est pas compris, il est d'usage de laisser environ 10% de la somme. Le pourboire n'est pas nécessaire pour les taxis *dolmus,* mais dans les taxis normaux, il est courant d'arrondir la somme à la centaine supérieure.

Presse écrite

Les Turs apprécient particulièrement les journaux. *Milliyet,* l'un des plus importants, tire aussi une édition en Allemagne fédérale, destinée aux travailleurs turcs. Le *Ankara Daily News,* rédigé en anglais, est distribué dans les grandes librairies. Compter un à deux jours de décalage pour les journaux étrangers. *Le Monde, Die Welt, International Tribune* se trouvent assez facilement.

Réglementation douanière

Sont libres de droits d'entrée : les effets personnels ; les appareils médicaux ; un appareil photo et 10 pellicules ; 400 cigarettes ou 50 cigares ou 500 g de tabac (un supplément de 600 cigarettes, 100 cigares ou 500 g de tabac peut être importé, si acheté à la boutique *duty free* turque à l'arrivée) ; 1 kg de café, 1,5 kg de café soluble ; 1 kg de chocolat ; 5 litres d'alcool ; 5 flacons de parfum. Les objets de valeur doivent être enregistrés sur le passeport, pour contrôle à la sortie. L'importation et l'usage de stupéfiants sont formellement interdits, et très sévèrement punis. Il est interdit d'exporter des antiquités.

Religieux

Deux fêtes religieuses sont célébrées en Turquie. La première, la Seker Bayrami (fête des sucreries), dure trois jours. On y mange de sucreries pour marquer la fin du Ramadan. La seconde, qui dure deux jours, est la Kurban Bayrami (fête du sacrifice), où l'on sacrifie des moutons et où l'on distribue leur viande aux pauvres. Les dates de ces deux fêtes varient selon le calendrier islamique. Les magasins et les administrations sont fermées durant les festivités.

Santé

Aucune vaccination n'est obligatoire, mais certains médecins recommandent de se prémunir contre la typhoïde, le tétanos, la polio et l'hépatite. Consultez votre médecin habituel.

Il est également conseillé de prendre une assurance médicale, en vérifiant qu'elle couvre bien la Turquie asiatique et la Turquie européenne.

Les voyageurs qui n'ont pas l'habitude de se rendre à l'étranger éprouveront peut-être quelques malaises digestifs. Pensez à emmener des médicaments, mais sachez que vous pourrez vous en procurer dans les pharmacies locales (eczane).

L'eau du robinet est généralement potable, mais l'eau en bouteilles étant très bon marché nous vous la conseillons vivement.

Hôpitaux à contacter en cas

Cireur de chaussures et son stand, à Istanbul

d'urgence : l'hôpital américain d'Istanbul, Guzelbahce Sokagi 20, Nisantasi (tél. (1) 0314050), ou le centre médical attaché à l'université de Hacettepe à Ankara (tél. (4) 3242240).

Sécurité

Hormis les risques d'embarras intestinaux, vous ne risquez pas grand-chose en Turquie, à part les moustiques. Il vaut mieux se munir de produits préventifs avant le départ, parce qu'on les trouve difficilement sur place. Lorsque vous vous promenez au milieu des ruines, méfiez-vous des serpents, parfois venimeux.

Sports

Les Turcs sont sportifs. Le football, la lutte et le basket font partie des sports les plus prisés. Chaque ville de quelque importance possède un stade, très fréquenté lors des manifestations. Les combats de lutte qui se déroulent à Edirne remportent

Tradition et modernité : oliviers et sphères de télécommunications à Mardin

toujours un franc succès. Pour rendre l'épreuve plus méritoire, les combattants enduisent leurs corps d'huile d'olive. Ils combattent torse nu, habillés d'une culotte de peau.

Un autre spectacle populaire : les combats de chameaux qui se déroulent chaque hiver dans la province d'Aydin, au sud d'Izmir.

Konya est la ville du *cirit* : des cavaliers à cheval essaient de lancer leurs javelots au plus loin.

La Turquie se prête particulièrement bien aux sports nautiques : la voile, l'aviron, le ski nautique, la pêche et la plongée sous-marine sont pratiqués.

Le ski se développe sur les pentes de l'Uludag, près de Bursa, et de quelques autre stations, près d'Antalya notamment.

La pratique de la chasse n'est pas très facile : il est nécessaire de posséder un permis de port d'armes et la permission d'en importer dans le pays.

Toilettes

Les installations sont souvent loin de répondre à l'attente des usagers... En dehors des grandes villes, le système d'évacuation est incapable de faire face aux papiers toilette, et des petites corbeilles sont réservées aux papiers usagés — pratique qui n'est pas des plus réjouissantes, surtout lorsque les corbeilles n'ont pas été vidées depuis plusieurs jours, cas fréquent dans les petits hôtels et les pensions.

Transports intérieurs

Air. Il y a des vols d'Istanbul et Ankara vers Adana, Antalya, Dalaman, Diyarbakir, Erzurum, Gaziantep, Izmir, Kayseri, Konya, Maiatya Sivas, Trabzon et Van.

Mer. Les Lignes Maritimes Turques assurent toute l'année les liaisons en ferry d'Istanbul à Izmir, et sur la route de la mer Noire vers Samsun et Trabson.

Train. Presque toutes les villes sont desservies par le réseau ferré, mais le bus est généralement plus rapide. Les trains disposent de premières, de couchettes et de restaurants. Les trains en direction de l'Est quittent Istanbul de la rive asiatique, à la gare Haydarpasa.

Autocars. Liaisons routières : les compagnies privées assurent un service très complet et bon marché, jour et nuit, entre les villes turques. Les départs sont fréquents, mais les horaires sont parfois fantaisistes. Les départs se font dans les gares routières *(otogar)* dans les grandes villes, et au centre des agglomérations partout ailleurs.

Taxis. Nombreux dans tout le pays, les taxis sont reconnaissables à leur enseigne lumineuse. La course est facturée au kilomètre.

Le *dolmus* est un taxi collectif, qui suit un trajet déterminé dans les grandes villes, vers les banlieues, les aéroports et dans les grandes stations touristiques.

LEXIQUE

Le turc n'est pas une langue facile à apprendre ou à comprendre, mais il est bon d'en connaître quelques mots, même si les jeunes générations connaissent un peu les autres langues européennes. L'alphabet turc est similaire à l'alphabet latin, mais quelques lettres ont une prononciation particulière :

Les uniformes de ces gardes du sultan n'ont pas changé depuis le XIXᵉ siècle

c = dj, comme dans Cami (mosquée), prononcé Djami

ç = tch, comme dans Foça, prononcée Fotcha

g = g dur de gare

ğ = ne se prononce pas, mais sert à allonger la voyelle précédente ainsi Dag (montagne) se prononce Daa

h = toujours aspiré

ö = œ, comme dans Göreme, prononcé Geurème

ş = ch, comme dans Kuşadasi, prononcé Kuchadasi

u = ou, mais ü est équivalent au u de «tu» en français

i = ie. Très difficile à prononcer, le i de raki est à mi-chemin entre le i et le e

Expressions courantes
Salut *merhaba*
Au revoir *allaha ismarladik*
(prononcé par la personne qui part)
güle güle (dit par la personne qui assiste au départ de l'autre)
Bonjour *günaydin*
Bonsoir *iyi akşamlar*
Bonne nuit *iyi geceler*
S'il vous plaît *lütfen*
Merci *teşekkur ederim* ou *mersi*
Oui *evet*
Non *hayir*
Il y a *var*
Il n'y a pas *yok*
Comment allez-vous ? *nasilsiniz*
Je vais bien merci *iyiyim, teşekkur ederim*
Quoi *ne*
Comment *nasil*
Qui *kim*
Pourquoi *niçin, neden*
Lequel *hangisi*
Qu'est-ce que c'est *bu ne*
Où est *nerede*
Combien *kaçtane*
Qu'est-ce que cela signifie *ne demek*
Donnez-moi... *bana verin...*
Je veux... *istiyorum...*
Ouvert/fermé *açik/kapali*
Horaires *tarife*
Gare, station *gar, istayon*
Bateau *gemi*
Ferry-boat *feribot*
Bus *otobüs*
Gare routière *otogar*
Chaud/froid *sicak/soguk*
Bon, bien *iyi*
Mauvais *fenah*
Beau *güzel*

Prix *fiyat*
Livres turques *lira*
Boutique *dükkan*
Marché *çarşi*

Chiffres
1 *bir*
2 *iki*
3 *üç*
4 *dört*
5 *beş*
6 *alti*
7 *yedi*
8 *sekiz*
9 *dokuz*
10 *on*
11 *on bir*
20 *yirmi*
30 *otuz*
40 *kirk*
50 *elli*
60 *altmiş*
70 *yetmiş*
80 *seksen*
90 *doksan*
100 *yüz*
101 *yüz bir*
200 *iki yüz*
300 *uc yüz*
1 000 *bin*
2 000 *iki bin*

Le temps et les jours
Quand ? *nezaman ?*
Hier *dun*
Aujourd'hui *bugun*
Demain *yarin*
Matin *sabah*
Après-midi *agleden sonra*
Soir *aksam*
Nuit *gece*
Jour *gün*
Semaine *hafta*
Mois *ay*
Une heure *bir saat*
Quelle heure est-il ? *saat kac ?*
A quelle heure ? *saat kacta ?*
Dimanche *Pazar*

L'inévitable thé turc — le çay —

Lundi *Pazartesi*
Mardi *Sali*
Mercredi *Çarşamba*
Jeudi *Perşembe*
Vendredi *Cuma*
Samedi *Cumartesi*

S'orienter
Aéroport hava alani
Port *liman*
Centre ville *sehir Merkesi*
Où est-ce ? *nerede ?*
Est-ce loin ? *uzak mi ?*
Gauche *sal*
Droite *sag*
Ici *burada*
Là-bas *şurada*
Syndicat d'initiative *turizm burosu*
Garage *bir tamirci*
Un bon hôtel *iyi bir otel*
Un restaurant *bir lokanta*

A l'hôtel
Une chambre *bir oda*
Deux personnes *iki kisi*
Une chambre avec une salle de bains *banyolu bir oda*
Quel est le prix *fiyati nedir ?*
Eau chaude *sicak su*
Lit supplémentaire *ilave bir yatak*
Petit déjeuner *kahvalti*

Beurre *tereyag*
Café *kahve*
Thé *çay*
Lai *sut*
Sucre *seker*
La note *hesap*

Achats
Or *altin*
Argent *gumus*
Cuir *deri*
Cuivre *bakir*
Quel est le prix ? *bu ne kadar ?*

Au restaurant
Pain *ekmek*
Eau *su*
Eau minérale *madensuyu*
Jus de fruit *meyva suyu*
Vin *sarap*
Bière *bira*
Glace *buz*
Gâteau *pasta*
Viande *et*
Mouton *koyun eti*
Agneau *kuzu eti*
Bœuf *sigir eti*
Veau *dana eti*
Poulet *pilic*
Poisson *balik*
Légumes *sebze*

Hors-d'œuvre *(meze)*
Arnavut sigeri foie sauté épicé, aux oignons
Cerkez tavugu poulet froid à l'ail accompagné d'une purée de noix
Cig kofte boulettes de viande crue épicées
Tarama préparation d'œufs de poisson
Yaprak dolmasi feuilles de vigne fourrées

Soupes *(çorbasi)*
Yogourt çorbasi soupe au yogourt

Dugun çorbasi soupe à la viande aux jaunes d'œufs
Iskembe çorbasi soupe aux tripes

Grillades *(izgaralar)*
Bonfile steak dans le filet
Döner kebab agneau grillé sur une broche verticale
Pirzola côtelettes d'agneau
Sis kebab brochettes d'agneau grillé
Sis kofte boulettes de viande grillées
Pilic poulet rôti

Pilafs
Sade pilav riz pilaf
Ic pilav riz avec des pignons, des baies et des oignons
Bulgar pilav pilaf aux flocons de blé

Légumes froids à l'huile d'olive
Iman bayildi
aubergines aux tomates et aux oignons
Babak kizartrnasi
moelle à la poêle servie avec du yaourt
Patlican kizartrnasi
aubergines à la poêle avec du yogourt
Zeytinyagli fasulye
haricots verts à la sauce tomate

Pâtisseries non sucrées
Signara boregi feuilleté au fromage
Su boregi feuilleté au fromage et à la viande
Talas feuilleté à la viande

Salades *(salatalar)*
Cacik concombre haché au yogourt et à l'ail
Coban salatasi salade de tomates, concombres, poivrons et oignons
Patlican salatasi salade à la purée d'aubergines
Piyaz salade aux haricots et aux oignons

Desserts *(tatlilar)*
Baklava pâtisserie fourrée de noix au sirop
Tel kadayif noix au sirop enrobées de flocons de blé
Sutlac gâteau de riz
Komposta compote de fruits
Dondurma crème glacée

Fruits *(meyvalar)*
Uzum raisins
Seftali pêches
Erik prunes
Kayisi abricots
Kiraz cerises
Incir figues
Kavun melon jaune
Karpuz pastèque

INDEX